陰陽師解剖圖鑑

在幕後支撐著日本的異能者們

川合章子

瑞昇文化

目錄

3

第六章　用於實踐的陰陽道

5

序章──何謂陰陽師

各位聽到「陰陽師安倍晴明」的時候，會想像到什麼樣的人物呢？

平安京比現在陰暗許多，那裡有個鬼之巢穴「羅城門」，還有總是百鬼夜行橫行過路的「慘叫路口」，四處充斥著怨靈、物怪等異形之物。而陰陽師便是面對那些處於黑暗中的異形之物，使用咒術、驅使式神來擊退他們的黑暗英雄。這是否就是你想像中的陰陽師？又或者會認為他是個神祕人物，他的白狐母親擁有能化身為人的靈力，而他自己能夠了解野獸及鳥類的話語、不必看箱子裡頭也能猜中有什麼東西、整體說起來就像是超能力者般的存在呢？

現在的電影、漫畫、動畫等作品中出現的陰陽師或者安倍情明給人的印象，通常都被描繪為有那樣奇異能力的神祕存在。

但是原先所謂的陰陽師，只不過是律令制度下隸屬於中務省的機關之一「陰陽寮」當中的官僚罷了。陰陽寮使用的是從當時最先進國家──中國傳入日本的技術，經由天文觀測來預測日蝕、月蝕、彗星等天地異變並上奏天皇；打造曆法、占卜每日吉凶；管理時鐘；又或者利用占卜來選擇土

6

地等，是當時最先進的科學技術機構，而陰陽師便是隸屬於此機構的科學技術官員。

可是到了平安時代，當世人將天地異變或疾病的原因與怨靈連結在一起之後，由於陰陽師們會探查事情發生的原因、透過祭祀或被事來解決問題，因此世間便開始認為他們擁有與常人不同的特殊能力。同時也因為他們可以預測未來、進行祈雨讓老天爺下雨等，所以一般人相信他們應該也能夠使用那種力量來咒殺他人，此時陰陽師給人的印象，就已經從官僚一舉轉變為咒術師。

現代人對於陰陽師或者安倍晴明的印象，也是由平安時代一路傳承下來，可以說是對於陰陽師的憧憬和畏懼所衍生出來的。

本書希望能向大家介紹安倍晴明究竟是個什麼樣的人、以及陰陽師在日本一路走來又有什麼樣的變化等相關變遷。

光明真言

嗡 阿 模 嘎 百 羅 佳 那

嘛 哈 母 德 喇 嘛 尼 叭 德 嘛

及 乏 拉 鉢 喇 乏 爾 達 亞 吽 （句點）

上 面是以梵字寫成的真言。梵字是用來記載古印度語言梵文的文字，至於真言指的是說明真理而毫無虛假的真實話語，是用來說明佛之教誨時使用的詞彙。上面的光明真言是大日如來的真言，據說誦詠此真言能夠免去所有災禍與罪惡。

真言是後期佛教中的密教誦詠的話語，又叫做「咒」。因為密教與陰陽道也有著密不可分的關係，本書也會詳細解說。在科學尚未發展的時代，人們總會向各式各樣的信仰尋求救贖。而當時陰陽師的存在便是人心依靠的避風港。

第一章

陰陽師的工作與貴族社會

原先陰陽師是隸屬於當時最先進科學技術機關陰陽寮的官員，換句話說就是國家公務員。他們都是菁英人員，負責預測天地異變並上奏天皇；製作曆法、告知人們每日的吉凶並管理時間。同時他們還會透過占卜來選擇要使用的土地等，對國家來說是不可或缺的存在。本章將詳細介紹他們的工作樣貌。

京城 相地選定

平安京是四神相應之地

玄武・北方

守護北方的聖獸，形體是巨大的烏龜與蛇的合體。五行季節為冬季，顏色則對應到黑色（玄）。掌管二十八星宿當中的北方七宿。

船岡山

守護東方的聖獸，五行季節為春天、顏色則對應到青色（綠）。掌管天門二十八星宿當中的東方七宿。

白虎・西方

平安京

青龍・東方

鴨川

山陽＆山陰道

守護西方的聖獸，五行季節為秋天、顏色對應到白色。在『禮記』當中記載的西方聖獸並非白虎而是麒麟。掌管二十八星宿當中的西方七宿。

巨椋池

守護南方的聖獸，亦有說法認為就是不死鳥，也就是鳳凰。五行季節為夏天、顏色對應到紅色（朱）。掌管二十八星宿當中的南方七宿。

朱雀・南方

四神並不單純守護平安京這個首都，同時也保護居住在這裡的天皇。據說桓武天皇曾高興地表示「此國以山河為襟帶，自然成城」。在『簠簋內傳金烏玉兔集』（50頁）當中記載著，如果居住地並非四神相應之地，想要滿足守護的條件，可採行「由房屋中心看出去，東邊種下八株柳樹、西邊種下九株梅樹、南邊種下七株桐樹、北邊種下六株槐樹」這個方法。

最早的紀錄是天武天皇十三年（西元六八四年）時，天武天皇就讓陰陽師陪伴大伴安麻呂前往畿內視察並且進行占卜，視察適合打造京城的場所。尋找適合建都的地方並占卜勘查土地，正是陰陽師重要的工作之一。

具體來說，適合作為京城的便是「四神相應」之地。和同元年（西元七〇八年）元明天皇遷都平城京的詔書當中寫著「四禽合圖位，香具山、耳成山、畝傍山三山鎮座南方，占卜地相結果為吉」，當中提到的四禽指的就是「北玄武、東青龍、南朱雀、北玄武」這四聖獸，而「合圖位」指的就是有符合各方位對應的聖獸。

當然這不是說真的有聖獸住在那些方位上，初期的陰陽道當中所謂玄武、青龍、白虎指的是較高的

天安二年（西元八五八年），陰陽博士滋丘川人和大納言安倍安仁等人正在選擇文德天皇陵墓用地，為了鎮定土地而施行董仲舒之法。在『今昔物語』當中提到這件事情惹怒土地神，結果土地神前來追殺安仁與川人，於是川人詠誦咒語讓土地神看不見他們，才得以獲救。

負責選擇陵墓之地

土地神

現存於京都市右京區三尾町，被認為是文德天皇陵墓的田色陵。

川人是平安初期的知名陰陽師，他的天文觀測技術及隱形遁甲都相當高明。同時也撰寫了一本檢測土地吉凶的『宅肝經』。

滋丘川人（？-874）

長保六年（西元一〇〇四年）二月十九日，藤原道長為了祭祀藤原一族前人，想在京都宇治的木幡一帶建造淨妙寺三昧堂，因此請安倍晴明與加茂光榮進行占卜來選擇建用地（『御堂關白記』）。很遺憾淨妙寺並沒有留存到現代，但是經過挖掘調查之後已經找到三昧堂遺跡和多寶塔遺跡。

占卜寺社地相

三昧堂　**多寶塔**

淨妙寺推測復原圖

根據調查發現劃分出淨妙寺遺跡西牆的溝槽和西門。

山，至於朱雀則是意指大型的湖泊或平原等特定地形。

確實平城京和平安京都是三方環山而南方開闊。（平安京在建造的時候，南方有個名為巨椋池的巨大湖泊。）

過往在建造京城的時候，除了考量方便性以外，土地本身的吉相是最為重要的事情，而負責占卜的陰陽師可謂責任重大。

平安時代的風俗

一

平安時代貴族們用餐大約是早上十點左右和傍晚四點左右，一天兩餐。主食是白米蒸熟後的「強飯」，搭配幾種小菜。但是新鮮魚類等食材難以取得，所以會有很多乾貨或者曬乾的食物。

國家大事在東邊軒廊占卜

紫宸殿 ———— 東邊軒廊

紫宸殿是天皇居所的正殿，相對於天皇過日常生活的清涼殿，紫宸殿是處理公務的行政場所。因此在紫宸殿進行的「軒廊御卜」通常是占卜對於國家來說非常重大的事情。

內裏格局

1 紫宸殿	10 宜陽殿
2 仁壽殿	11 春興殿
3 承香殿	12 承明門
4 常寧殿	13 長樂門
5 貞觀殿	14 永安門
6 清涼殿	15 宣耀殿
7 校書殿	16 麗景殿
8 安福殿	17 登華殿
9 綾綺殿	18 弘徽殿

東邊軒廊

紫宸殿

神祇官占卜的場所

陰陽師占卜的場所

物忌

根據陰陽師占卜的結果，會進行「物忌」。這個行為是要避免疾病或穢氣等汙穢之物沾染自身，因此躲在屋子裡不與任何人見面，和現代為了保護自己免受肺炎病毒感染而採取的「自主居家管理」非常相似。長保六年（西元一〇〇四年）六月十八日，藤原道長預定在兩天後也就是二十日前往參拜賀茂神社，但是這天他的兒子藤原賴通的奶媽因為生產而死亡，道長感到不安、不知是否要照預定前往神社，因此請安倍晴明和賀茂光榮進行占卜。結果是「不淨」，道長只好延後前往參拜的時間。

要避免三密呀

平安貴族們雖然還不知道疾病的原因是細菌或病毒，但是藉由待在家裡不出門來躲過災禍這點，或許和現代並沒有兩樣。

忙碌萬分的陰陽師們

占卜協助國政

陰　陽師的主要工作之一，就是占卜。關於占卜的方法，在奈良時代剛設置陰陽寮的時候有使用筮竹進行的易筮、太乙（太一）式、遁甲式、六壬式（三式）的式占[※1]、五行占等，到了平安時代六壬式占（48頁）成為主流。身為國家官僚的陰陽師，首先必須占卜的就是追究全國性災害與國家級神社寺廟發生的各種怪異事件原因。由於這關係到國家與天皇的安危，因此這類占卜會在內裏（以天皇居所為中心的宮殿範圍）的紫宸殿東邊軒廊進行，被稱為「軒廊御卜」。另外若是天皇居住的內裏發生怪事，就會召喚侍奉天皇的陰陽師（藏人所陰陽師）進行占卜，這稱為「藏人所御占」。由於「軒廊御卜」和「藏人所御占」都是占卜國家大事，因此除了陰陽師以外也會召來神祇官（104頁）

※1　將天盤與地盤兩張盤面組合在一起的占卜方法。

式占

式占要使用「式盤」來進行占卜。有一說認為是「六壬」、「遁甲」、「太一」、「雷公」四種，但也有人認為是被稱為三式的「太一」、「六壬」、「遁甲」這三種。各自要使用專用的式盤。

筮竹

易筮的方法

我們也能夠模仿當時占卜的方法。首先要準備五十支筮竹，這要使用「蓍草」製作。蓍草是一種別名鋸齒草的菊科多年生植物。使用這種植物的莖來製作筮竹是古代中國發明了八卦（78頁）的伏羲（80頁）傳承下來的正式方法，但實際上會使用竹子代替。現在我們要占卜事件「A」是吉是凶。

爻速查表

大＝9.8　小＝5.4

第一變	大	大	大	大	小	小	小	小
第二變	大	大	小	小	大	大	小	小
第三變	大	小	大	小	大	小	大	小
爻	▬▬ 變爻	▬▬	▬▬	▬▬	▬▬	▬▬	▬▬	▬ ▬ 變爻

排卦

上卦　⑥⑤④
下卦　③②①

由下往上排列「爻」的算木

此卦為地天泰。表示天地相合而安泰，與人心意相通。

易筮的⑩個步驟

① 從50支筮竹當中抽出1支，這用來代表「太極」，到最後都不會使用這支。

② 內心保持一片空白、兩手將剩下的49支分為左右兩邊。左手握的那把為「天」、右手握的那把為「地」。

③ 從右手把抽出1支另外放，這代表「人」。先放下右手那把。

④ 將左手的筮竹劃分為4支1組，這代表「四季」。剩下不到3支的話就先擱在一旁，如果能被4整除，那就留下最後4支。

⑤ 將先前放下的右手那把一樣分為4支1組，和左手那把執行一樣的作業。

⑥ 將左手剩下的數量和右手剩下的數量，加上原先代表「人」的③那支。如此一來應該會是9或5，將此記為「第一變」。

⑦ 將49支筮竹再次合併，把⑥得到的枝數抽走，應該會剩下40或44支。和卜出「第一變」的時候一樣，左右兩邊最後剩下的數量加上「人」的那支，這次數量應該是8或4，此為「第二變」。

⑧ 一樣抽出「第二變」的數量，再次重複同樣的作業。這時候也會是8或4支，這是「第三變」。

⑨ 根據以上三變就能得到「爻」。9和8為「大數」、5和4為「小數」，將三變數字結合在一起判斷「爻」。

⑩ 進行到「第三變」，總計求出六次數字。這樣就會得到結果「卦」，64種卦象分別有不同的意義。

同時進行占卜。除了這類國家性質占卜以外，也經常會有各官廳或官員們個人委請陰陽師占卜吉凶的情況。『小右記』※2當中曾記載「烏鴉啃咬左大臣座位並將其翻覆」、「犬隻在官員座位上拉屎」、「牛馬進入外記廳」等怪異事件，每次發生這些事情，陰陽師都會被叫去占卜，想來也是忙得不可開交。

平安時代的風俗 二

平安時代的調味料是「酒」、「醋」、「鹽」、「醬（醬油的前身）」四種，還沒有醬油、味噌、砂糖等東西。另外料理本身也不會進行調味，而是每個人的餐盤上都擺著這些調味料，各自沾取喜好的調味料來食用。

※2 平安中期的公卿藤原實資（957-1046）的日記。裡面記載了藤原道長活躍的時期，也就是藤原氏最為繁榮時代的政治及社會情勢、宮廷儀式等。

天文密奏

曾是國家最高機密

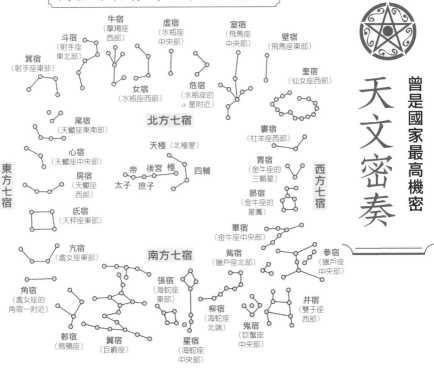

高松塚留存的二十八星宿圖

北方七宿
- 斗宿（射手座東北部）
- 牛宿（摩羯座西部）
- 女宿（水瓶座西部）
- 虛宿（水瓶座中央部）
- 危宿（水瓶座的α星附近）
- 室宿（飛馬座中央部）
- 壁宿（飛馬座東部）
- 箕宿（射手座東部）

東方七宿
- 尾宿（天蠍座東南部）
- 心宿（天蠍座中央部）
- 房宿（天蠍座西部）
- 氐宿（天秤座東部）
- 亢宿（處女座東部）
- 角宿（處女座的角宿一附近）

天極（北極星）
帝　後宮　極
太子　庶子
四輔

西方七宿
- 奎宿（仙女座西部）
- 婁宿（牡羊座西部）
- 胃宿（金牛座的三顆星）
- 昴宿（金牛座的星團）
- 畢宿（金牛座中央部）
- 觜宿（獵戶座北部）
- 參宿（獵戶座中央部）

南方七宿
- 井宿（雙子座西部）
- 鬼宿（巨蟹座中央部）
- 柳宿（海蛇座北端）
- 星宿（海蛇座中央部）
- 張宿（海蛇座東部）
- 翼宿（巨爵座）
- 軫宿（烏鴉座）

陰陽道根據古代中國的星座來進行占卜。古代中國的星座和我們現代知道的西洋星座相差甚遠。天空中心由一百七十顆星構成：有天帝居所紫微垣、周邊有太微垣、天市垣等，再往外還有二十八星宿。二十八星宿是位於黃道上的二十八個星座，所謂「宿」就是指星座。位於奈良縣明日香村的龜虎古墳和高松塚古墳的壁畫上都有天文圖，高松塚古墳的天花板上就描繪了二十八星宿。

古代中國若是身為天子的皇帝施政失敗，上天就會送出「天變」的訊息，這表示天子應當有所警惕。天變除了包含日蝕、月蝕、彗星和流星以外，還有像是火星、木星與金星連成一直線的「三星合」等，行星的移動也包含在內，非常五花八門。因此皇帝必須經常觀測天文，盡快得知天象異變。這種思考模式也傳入日本，因此陰陽寮當中也設置了天文博士。但是中國的天象觀察主要是使用天球儀或渾天儀這類天文觀測儀器來調查行星與其他星星的運行，而日本則是將重心放在透過天文現象占卜吉凶的「占術」。

陰陽寮的天文博士會觀測天文及氣象，若有異變便占卜其吉凶並稟告天皇，但由於占卜的結果是能夠決定政治方向的重要事項，因此該

14

以前認為星星的動態是地上發生的各種事情的前兆。比方說木星和土星疊合在一起就是內亂或飢荒的前兆。木星和水星接近的時候，會有乾旱；木星和金星接近則會有水災。另外白虹貫日也是凶兆，被認為可能會發生戰爭。不過若金星在南邊的話就是吉兆，該年會豐收。

以星星動態了解未來

彗星

白虹貫日

代表性凶兆

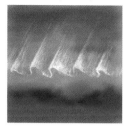

赤氣（極光）

了解天象的工具

渾天儀

渾天儀是用來測量天體位置的工具，外側有三種環（六合儀）、內側有另外三種環（三振儀），裡面還有被稱為四遊儀的環、以及用來代表地球及月亮的球體。

遠眼鏡（望遠鏡）

日本於17世紀時曾留下紀錄，英國軍艦丁香號的船長薩里斯在駿府面見德川家康的時候曾經獻上一支。之後也有人透過長崎的荷蘭商館等管道進口望遠鏡，後來日本國內也開始生產。

天球儀

天球儀以江戶時代天文學者澀川春海（130頁）製作的最為有名。這是上面標記星星和星座的地球儀。除了中國傳來的星座以外，澀川春海也寫上了他觀測、研究後發現的星座。

文件必定會密封之後才呈上，也因此被稱為「天文密奏」。

天文密奏上會寫明哪顆星有什麼樣的動靜等實際的星象動態，最後再寫上占卜的結果，表明這些可能是會發生哪些怪事的前兆。

平安時代的風俗 三

雖然那是個沒有砂糖的時代，但是有栗子或柿子這類水果，還會食用以蜂蜜或甘葛等材料做成的甜點。京都的龜屋清永所販賣的「清淨歡喜團」等商品就是當時所食用的「唐菓子」，現在也還能品嚐其風味。

協助支配時間的天子

打造曆法授予人民

干支

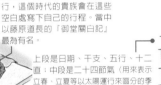

宣明曆

中國曆法之一，為唐代的天文學者徐昂製成。日本使用了長達八百二十三年，因此曆法與實際天象之間也出現了兩天的誤差。

二十八星宿

曆博士

隸屬於陰陽寮的官員。打造曆書並且將曆道傳授給弟子。

填寫禁忌及吉凶，製作具注曆。

具注曆將隸屬於遊行神的「八將神」（22頁）的方位、宿曜、納音、干支、十二直、沒滅（沒日與滅日）、二十四節氣、七十二候、六十卦等所有資料都寫在上面，就連日出日落的時間、是否有日蝕和月蝕全部都得寫上去，是非常需要專業知識的工作。

具注曆每天之間會空個兩三行，這個時代的貴族會在這些空白處寫下自己的行程。當中以藤原道長的「御堂關白記」最有名。

上段是日期、干支、五行、十二直；中段是二十四節氣（用來表示立春、立夏等以太陽運行來區分的季節用語）、七十二候（將一年劃分為七十二種時令用來表示氣候變化）；下段則寫著用來表示當日吉凶的曆書註釋。

具注曆

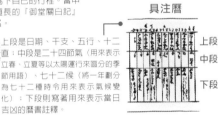

上段
中段
下段

古代中國的皇帝被認為是從天上降臨的大地支配者，乃為天子，因此他們也必須是支配時間的人。為此他們必須依據天象觀測來製作曆法授予人民，也就是所謂的「觀象授時」。使用皇帝分發的曆書，就代表受其支配。

基於相同的思考模式，日本的天皇也命陰陽寮的曆博士每年製作新曆。以日本來說，貞觀四年（西元八六二年）起的八百二十三年都是使用唐代中國製作的宣明曆作為曆書基礎，曆博士會將干支※、二十八星宿、禁忌及吉凶等都寫在曆上，然後提交給陰陽寮。這份曆書稱為「具注曆」，拿到寫好註釋的曆以後，陰陽寮會抄寫天皇用的一年份的上下兩卷、以及分發到各行政單位的一年份一卷，到了每年十一月一日，會與上級官廳中務省的官員

16

十干十二支速查表

年分	1984	1985	1986	1987	1988	1989	1990	1991	1992	1993
讀音	きのえね	きのとうし	ひのえとら	ひのとう	つちのえたつ	つちのとみ	かのうえうま	かのとひつじ	みずのえさる	みずのととり
名稱	甲子	乙丑	丙寅	丁卯	戊辰	己巳	庚午	辛未	壬申	癸酉
年分	1994	1995	1996	1997	1998	1999	2000	2001	2002	2003
讀音	きのえいぬ	きのとい	ひのえね	ひのとうし	つちのえとら	つちのとう	かのえたつ	かのとみ	みずのえうま	みずのとひつじ
名稱	甲戌	乙亥	丙子	丁丑	戊寅	己卯	庚辰	辛巳	壬午	癸未
年分	2004	2005	2006	2007	2008	2009	2010	2011	2012	2013
讀音	きのえさる	きのととり	ひのえいぬ	ひのとい	つちのえね	つちのとうし	かのえとら	かのとう	みずのえたつ	みずのとみ
名稱	甲申	乙酉	丙戌	丁亥	戊子	己丑	庚寅	辛卯	壬辰	癸巳
年分	2014	2015	2016	2017	2018	2019	2020	2021	2022	2023
讀音	きのえうま	きのとひつじ	ひのえさる	ひのととり	つちのえいぬ	つちのとい	かのえね	かのとうし	みずのえとら	みずのとう
名稱	甲午	乙未	丙申	丁酉	戊戌	己亥	庚子	辛丑	壬寅	癸卯
年分	2024	2025	2026	2027	2028	2029	2030	2031	2032	2033
讀音	きのえたつ	きのとみ	ひのえうま	ひのとひつじ	つちのえさる	つちのととり	かのえいぬ	かのとい	みずのえね	みずのとうし
名稱	甲辰	乙巳	丙午	丁未	戊申	己酉	庚戌	辛亥	壬子	癸丑
年分	2034	2035	2036	2037	2038	2039	2040	2041	2042	2043
讀音	きのえとら	きのとう	ひのえたつ	ひのとみ	つちのえうま	つちのとひつじ	かのえさる	かのととり	みずのえいぬ	みずのとい
名稱	甲寅	乙卯	丙辰	丁巳	戊午	己未	庚申	辛酉	壬戌	癸亥

這是將十干（天干）拿來命名「日」而十二支（地支）拿來命名「月」的命名方式。陰陽道文書『五行大義』當中提到，這兩項都是傳說中的古代中國黃帝時代的大臣大撓所製作的。用來表示月的十二支現在使用「鼠、牛、虎」等動物名稱代替的情況，最初是在後漢王充的『論衡』當中引用此一用法，但那已是較為晚近的事情。陰陽道中的十干是「日」、「陽」，乃為天之數；十二支則是「月」、「陰」乃為地之數。

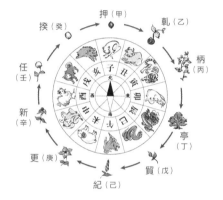

押（甲） 揆（癸） 軋（乙） 任（壬） 柄（丙） 新（辛） 亭（丁） 更（庚） 紀（己） 貿（戊）

十干同時也用來表示種子發芽成長、開花結果這個自然循環。上圖是這個循環的每個階段都安上一個代表其意義的字，十天一旬、三旬一個月、十二個月乃成一年。

干支與十二支對照

十干是為「日」取的名字。古代中國人將神祕數字九加上一成為十，認為十日為一個單位。十日又被稱為「旬」，而現在也還留有每個月的上旬或下旬這種稱呼方式。十二支則是「月」取的名字。月亮圓缺週期為三十天、十二月為一巡成為一年；另外還有一說是被稱為「歲星」的木星週期為十二年等，十二的由來眾說紛紜。對應十二支的月分（舊曆）如下。

子（ね／シ）	丑（うし／チュウ）	寅（とら／イン）	卯（う／ボウ）	辰（たつ／シン）	巳（み／シ）
11月	12月	1月	2月	3月	4月
午（うま／ゴ）	未（ひつじ／ビ）	申（さる／シン）	酉（とり／ユウ）	戌（いぬ／ジュツ）	亥（い／ガイ）
5月	6月	7月	8月	9月	10月

平安時代的風俗 四

京都夏天非常炎熱。天皇和公卿們會拿出冬天儲藏在冰室裡面的冰塊，打碎以後吃「碎冰」來解暑。另外他們也會削下冰塊再淋上當時的甜味醬料甘葛，做成削冰來吃，就類似現在的刨冰。

一起將此曆呈交給天皇。這個儀式稱為「御曆奏」，製作好的曆會在儀式之後分發給各行政單位。

但是到了平安中期，由於律令制度崩毀，由天皇頒布年曆的形式也隨之崩解了，演變成有力貴族們直接向賀茂氏等曆法家或陰陽師個人取得年曆的模式。

※寫在具注曆上的干支是「甲、乙、丙、丁、戊、己、庚、辛、壬、癸」這十干和「子、丑、寅、卯、辰、巳、午、未、申、酉、戌、亥」這十二支所組合成的六十干支，為日月、時間和方位的基本。

受到每天吉凶擺布

平安貴族日常生活真辛苦

連廁所都有禁忌日！

金隱

這邊是背後的位置，穿著十二單的女性蹲下之後會將衣服下襬掛在這稱為「金隱」的棒子上方便。

樋箱

平安時代的廁所。是個像「幼兒馬桶」的容器。會放置在被稱為「樋殿」的房間裡。

在『宇治拾遺物語』當中寫著，有位女官請年輕僧侶幫忙填寫月曆，當中除了「坎日」、「凶會日」等一般禁忌日以外，還寫上了「不可以用餐」或「不可以大便的日子」等，那位女房連續好幾天忍耐著不去方便，結果最後忍耐不住，漏了出來。可見當時的人們有多麼嚴格遵守曆書上寫的東西。

填寫在曆上的吉凶日範例

坎日	萬事皆凶
血忌日	見血則凶
歸忌日	遠行、嫁娶為凶
往亡日	進軍、拜官、移轉、婚禮為凶
大禍日	修繕家屋、葬禮為凶
狼藉日	佛事為凶
凶會日	大凶
衰日	萬事皆凶

忌夜行日	百鬼徘徊之日。夜行為凶
鬼宿日	最大吉日
不弔人日（受死日）	探病、服藥為凶
不問病日	探病為凶
月德	建築相關為吉
神吉日	神事為吉
三寶吉日	佛事為吉

詠和歌、玩蹴鞠，平安貴族給人的感覺似乎是每天都過得非常優雅，但是他們的日常生活可沒有現代的我們想的那樣輕鬆。那個時候用的曆書，上頭可是寫滿了各式各樣必須遵守的禁忌。

藤原道長的祖父藤原師輔留給子孫們的『九條殿遺誡』當中就寫下了當時貴族們應當要遵守的日常生活紀錄，根據紀錄顯示「剪指甲要在寅之日」、「剪腳指甲要在丑之日」；沐浴（以水沖洗身體）也只能在「甲子、壬申、癸酉、乙亥……」等六十干支當中的二十天。據說有時會遇到整個星期都沒有沐浴日，也因此讓人傷透腦筋。

但是這些曆書上註釋的禁忌，也並非絕對性。在藤原行成的『權記』當中提到，一般來說五月一日是不可以洗頭髮或者沐浴的日子，

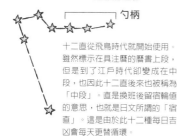

北斗七星

勺柄

十二直從飛鳥時代就開始使用。雖然標示在具注曆的曆書上段，但是到了江戶時代卻變成在中段，也因此十二直後來也被稱為「中段」。直是換班後留宿輪值的意思，也就是日文所謂的「宿直」。這是由於此十二種每日吉凶會每天更替循環。

十二直

記載在具注曆（16頁）上的「十二直」是指北斗七星的勺柄部分旋轉和十二支方位結合成的「建、除、滿、平、定、執、破、危、成、納、開、閉」。「建」雖然是大吉之日，但是耕作和開倉則為凶。「除」的時候挖井或祭祀雖為吉，但最好不要在這天結婚。「滿」適合搬家和結婚，但不可以在這天吃藥。「平」如果去旅行或者修路都是吉，但若挖洞或者把原先平穩的東西弄亂則為凶。「定」是用來判斷善惡的日子，若是進行己身不正之訴訟則為凶。大概是這樣，每天都會有能做或者不能做的事情。

十二直的意義

建	開始進行任何事情的好日子。神佛祭祀、婚禮、開店、搬家遷址、打地基、上樑、旅行等都是大吉；但房屋內建築、修繕和開倉則為大凶	**破**	如其字面所示，將受到損害，是代表破壞意義的日子。婚禮、祭祀、約定、搬家遷址等各種喜慶之事皆為凶；訴訟、談判等事於此日進行則為吉
除	除百凶的吉日。以用醫用藥為始，播種、祭祀等皆為吉；婚禮、房屋內建築、啟程旅行、與水相關的工程則為凶	**危**	如字面所示，萬事皆危之日。旅行、登山、出船為大凶
滿	萬事滿盈之日。建築、搬家遷址、新事起始、婚禮等其他喜慶之事、灑種、動土等皆為吉	**成**	如字面所示為萬事成就之日。建築、開店、播種等，開始新工作皆為吉；訴訟、談判等為凶
平	事物平穩平安進行的吉日。出發旅行、婚禮、打地基、上樑、播種為吉。池子、溝渠、洞穴等與水有關的工程為凶	**納**	萬物收納為吉之日。收款、五穀收納、購買商品、回收金錢為吉；相親、婚禮、祭祀為凶。拿出、送出等與出相關之事為凶
定	決定善惡之日。建築、立基、上樑、搬家遷址為吉；訴訟、旅行、種植樹木或換土為凶	**開**	宛如開路一般，開始進行某些事情為佳之日。開業、就職、入學、建築、搬家遷址、婚禮、開店等全部都吉；葬儀及其他厄事為凶
執	如其字面所示，乃是促進萬物活動育成的執行之日。婚禮及其他喜慶之事、建屋裝潢、播種等為吉；挪動財產為凶	**閉**	如字面所示為事物終結之日。收納金錢、建墓為吉；打地基、上樑、開店、婚禮、開業為凶

平安時代的習俗 五

平安時代的美人條件之一是髮絲長於身高。女性們要洗頭可不簡單。用來作為洗髮精的是叫做「泔」的洗米水、紅豆粉為頭髮太長，要弄乾也是千辛萬苦。

但是在賀茂保憲的『曆林』當中卻表示「五月一日沐浴可延年益壽除禍」，因此人們也會依此說法進行沐浴。道長也曾請安倍吉平（115頁）占卜女兒妍子在生產後的沐浴日，雖然得到的結果是一般認為凶日的八日，但他還是依照占卜的結果進行。

各種方位神明

金神
／大凶

歲殺神
／凶

歲破神
／凶

貴幡神
／凶

太歲神
／吉・凶

歲德神
／吉

大將軍
／凶

歲刑神
／凶

太陰神
／凶

豹尾神
／凶

占卜方位吉凶

方位看神明高興

支配方位的太歲神、大將軍、太陰神、歲刑神、歲破神、歲殺神、黃幡神、豹尾神這八位凶神被稱為八將神。詳細說明請參照22頁。到了十一世紀末，「金神」這位方位神明也變得非常重要。相對於八將神是起源自中國的神明，金神則是發源於日本的神明，也是最可怕的方位神。一般認為若是冒犯了金神所在的方位，就稱為「金神七殺」，家中會有7人遭殺害。由於這是新的神明，因此當時的人就算想要避開祂卻也不明白祂究竟是什麼樣的存在，感到非常困惑。在藤原師道的日記『後二條師道記』裡頭也寫著「金神是難以理解的存在」。

平安時代的貴族們若要進行搬家、房屋建築、婚喪喜慶等大事，除了日子本身的吉凶以外，一定會請陰陽師占卜方位的吉凶。這時要注意的就是司掌方位吉凶的方位神。方位神有太白、天一、王相、金神、大將軍等，平安後期也相當重視金神，而這些方位神所在的方向便會產生禁忌，必須避開諸事，非常辛苦。

最為麻煩的就是方位神並非永遠待在固定的方向，而是一直跑來跑去變換其所在。比方說大將軍於寅、卯、辰年在東方；巳、午、未年在南方；申、酉、戌年在西方；亥、子、丑年則在北方，每三年就會變更位置，因此禁忌方位也會跟著變動。而且方位神又被稱為遊行神，在這三年內也不會就這麼固定不動，不同的日子一樣會走來走

空蟬

光源氏

目的地・方位神

房屋

源氏在此
與空蟬相遇

若是目的地位在凶相方位神的方向，那麼就先前往另一個方向，然後轉向前往目的地。在『源氏物語』第2帖「帚木」當中，主角光源氏就因為方違而來到紀伊守家。也因此第一次見到伊予介〔伊予國（現在的愛媛縣）國守的次長〕的後妻空蟬。

方違・方忌

將方位神所在的方向視為禁忌而不可出門，稱為「方忌」，但像這樣老是出不了門，只能一直關在家裡也不是辦法。因此若一定要前往某處，那就先前往沒有禁忌的方向，然後從那裡變更方向前往預定要去的地方，這就稱為「方違」。比方說貞觀七年（西元八六五年）即位的清和天皇要從東宮御所移動到西北方的內裏時，由於西北方為凶，因此只好先前往西南方，然後再朝北方的內裏前進，這就是「方違」。

吉利的方位神

也不是所有方位神所在的方向都是凶相而應該避諱。當中歲德神所在的方位就是吉利的、祂是位福神。現在日本也還有在節分的時候食用包起「惠方」的捲壽司習慣，而「惠方」指的就是歲德神所在的方位。比方說京都神泉苑裡有個祭祀歲德神的神社，現在也還會每年都根據神明所在的「惠方」變更惠方社的方位。

每年12月31日京都市內的寺院神泉苑就會進行「惠方迴向」。

惠方

去，因此要做什麼事情，都得要翻開具注曆（16頁）查詢神明所在的方位。而且會造成禁忌的方位神可不是只有大將軍，所以可想而知當時的人們有多辛苦了。就連平安末期的陰陽師安倍泰茂都曾表示「要避開所有的方位神，那就哪裡也去不成、什麼事情都不能做了」。

太歲神

吉＋凶

不可以採摘草木

陰陽道方位神中的一位，歲德神的孩子之一。一般認為祂是每年和干支同方位，同時也是決定其他的八將神所在方位的基準神明。是歲星（木星）的化身，雖然在裝潢家裡的時候祂是大吉之神，但是不可以砍伐太歲神所在方位的樹木。祂是太陰神的丈夫。

歲德神

吉

所在的方向為惠方

陰陽道方位神中的一位，司掌福德的神明。歲德神身處的方位被認為是當年的吉方。一般也認為祂是牛頭天王的妃子頗梨采女，而世人覺得牛頭天王就是須在之男命，因此歲德神也被認為其實就是其妻櫛名田比賣。是八將神的母神。

太陰神

凶

不可以戀愛

最主要是不可以前往太陰神所在方位迎娶新娘、或者是嫁到那個方向去，是大凶。

鎮星（土星）的化身。一般認為祂是太歲神的妻子，所以大多描繪為女性。太歲神位於「子」方位的時候，太陰神位於「戌」方位。此神明所在方位也全部都是凶。

大將軍

凶

不可以建築、修繕、採收

太白星（金星）的化身，當太歲神位於「子」方位的時候，祂就在「酉」的方向。大將軍所在方位一切事情皆為大凶，因此大將軍所在的方位又被稱為「三年不得動」。

在一般認定為安倍晴明撰寫的『簠簋內傳』（50頁）當中提到，牛頭天王接收到天帝使者琉璃鳥的傳令，因而為了迎娶住在南海娑竭羅龍宮的頗梨采女為妃子而踏上旅途。途經夜叉國的牛頭天王向該國的巨旦大王請求留宿卻遭拒，因此只好借宿在貧窮的蘇民將來家。之後牛頭天王平安抵達娑竭羅龍宮，迎娶頗梨采女並生下八個孩子。同時祂在回北天的路上，帶著八個孩子（八將神）滅了待他不佳的巨旦大王。巨旦大王雖然請一千名僧人唱頌大陀羅尼，施行泰山府君祭（46頁）法來防禦，卻因為其中一名僧人打了瞌睡，因此八位王子得以攻入並殺死巨旦大王。之後牛頭天王前往蘇民將來處，告訴他「將來我和八位王子會成為行疫神，或許會為你的國家帶來災禍，但只要

22

凶

歲殺神 不可以搬家

此方位進行嫁娶都是凶。

熒惑星（火星）的化身。太歲神在「子」方位的時候，歲殺神位於「未」方位。祂是掌管殺氣的神明，因此向這位神明所在的方位射出弓箭乃為大凶。

凶

歲破神

留心水難意外

和太陰神一樣是鎮星（土星）的化身。太歲神在「子」方位的時候，歲破神位於「午」方位，永遠在太歲神正對面。祂也是一位水神，因此要度過這位神明所在方向的海或河流為凶。同時祂也是土精，因此若有蓋房等動土之事會有家畜死亡。

凶

歲刑神

不可違背人道

祂是喜歡武器的神明，因此製造或購買武器、兵器、進行仲裁等紛爭之事乃為吉。

辰星（水星）的化身，司掌刑罰之事。太歲神在「子」方位的時候，歲刑神位於「卯」方位。若是在歲刑神所在方位展開耕作或事業時為凶。

凶

豹尾神 不可以養有尾巴的動物

虛構星星計都的化身。於此神明所在方位大小便，或者購買、飼養家畜皆為大凶。

太歲神在「子」方位的時候，豹尾神位於「戌」方位。通常被描繪為手持蛇的可怕樣貌。

凶

黃幡神 不可進行與土相關的工作

虛構星星羅睺的化身。太歲神在「子」方位的時候，黃幡神位於「辰」方位。

祂是兵亂之神，因此進行與武力相關的事情為吉，但將財寶收藏在此神明所在的方位則為大凶。另外進行耕作也是凶。

表明是蘇民將來的子孫者都將無事」之後便離去回到北方。

行疫神（疫病之神）與星神合體，每年每月會遊走各處，這種思考方式始於平安時代的院政期，到了室町時代也在庶民之間擴散開來。另外『簠簋內傳』裡也將這件事情與牛頭天王及巨旦大王的精神結合，介紹了許多吉凶日。

平安時代的風俗 七

平安時代貴族們會將頭髮或衣服等薰上各式各樣的香氣。

當時這被稱為「薰物」，大家會自己調配香氣。當中「梅花」、「荷葉」、「菊花」、「落葉」、「侍從」、「黑方」六種為調配基礎。

※流傳在日本各地傳說當中的人物。『備後國風土記』中有個富有的弟弟與貧窮的哥哥蘇民將來登場。神明前來求宿的時候弟弟不予回應，只有蘇民將來讓對方留宿。也因此蘇民將來的子孫之後都能躲過疫病的危害。

守護鬼門的兩位門神

往四方三千里伸展的樹枝

神荼
將葦草神格化後的神明

鬱壘
將桃木神格化後的神明

桃木
度朔山上的巨大桃木

這兩位是守護鬼門不受鬼侵襲的兄弟神明。中國有許多兩人一組的門神，在農曆新年的時候會把畫像分別貼在左右門板上。門神之中還有唐朝武將秦瓊和尉遲恭、以及『封神演義』裡面出現的神仙鄭倫和陳奇等各種二人組。

日本的鬼門

比叡山延曆寺 → 東北・鬼門

為了保護京城東北方的鬼門而設置了延曆寺。

大內裏 平安京

日本原創的方位禁忌

避鬼門

日本將丑寅（東北）方向稱為「鬼門」，是一個應該要避免任何事情的禁忌方位。雖然方位的禁忌當中原先就有許多日本獨特之處，但這個「鬼門」的思考模式完全是日本原創的。

在後漢文人王充撰寫的『論衡』裡曾提到「滄海之中，有度朔之山，上有大桃木，其屈蟠三千里，其枝間東北曰鬼門，萬鬼所出入也。」此外還提及「上有二神人，一曰神荼，一曰鬱壘，主閱領萬鬼。惡害之鬼，執以葦索，而以食虎。」中國所謂的「鬼」是指死去人類的靈魂，這段敘述是表示東北方有前往靈界的入口。或許日本人聽說這件事情以後，誤以為東北方的「鬼」出入的大門，才會因此將該方位視為禁忌。順帶一提，為了趕走鬼而在宮內進行的「追儺」

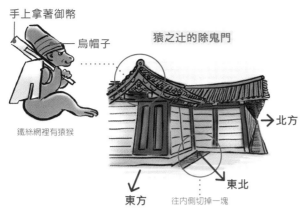

手上拿著御幣

烏帽子

猿之辻的除鬼門

鐵絲網裡有猿猴

→北方

東北

東方

往內側切掉一塊

猿之辻的除鬼門

為了封閉鬼門而衍生的想法便是「除鬼門」。也就是在打造房屋的時候，刻意切掉禁忌的東北角（鬼之角）。京都御所非常有名的「猿之辻」便是東北角，時至今日仍然是向內切的「除鬼門」樣貌，同時還擺設有扛著御幣的木雕猿猴作為守護神。

天皇駕崩
也要照常舉辦
追儺的安倍晴明

長保三年（西元一〇〇一年）由於一條天皇的生母過世，因此宮中各處皆中止那一年的追儺（149頁，驅鬼儀式）但是安倍晴明卻一如往常在自家進行追儺。據說因此民間也模仿晴明進行驅鬼的追儺儀式。這個故事讓我們明白安倍晴明身為陰陽師，有多麼受到民間信賴。

幣

酒、鹽等

晴明舉辦追儺儀式這件事情，也有人認為他是想要確保自己的名聲和地位。

儀式在進行的時候，儺人會使用桃木弓向鬼射出葦箭，這是由於在『論衡』後續還提到「於是黃帝乃作禮以時驅之，立大桃人，門戶畫神荼、鬱壘與虎，懸葦索以禦。」如同這段敘述，人們也認為桃和葦具有祛除鬼的靈力。

平安時代的習俗
八

平安時代女性所穿著的「十二單」是疊穿好幾件、袖子非常寬的和服。相疊的布料顏色搭配被稱為「襲色目」，在什麼樣的季節做出什麼顏色的服裝搭配，可以看出每個人的美感。

25

進行祭祀的陰陽師

以麻、木棉、紙張等材料製作的幣。供奉在神前

擺放神酒、鹽、水果、銀錢等

在獻祭給眾神的祭壇前，朗誦祭文或都狀（由陰陽師誦讀給眾神的信件）。

各種祭祀

五帝祭

朝廷主辦的祭祀之一，為製作神器或寶物的時候舉辦。天德四年（西元九六○年），朝廷為了重新鑄造由於內裏火災而燒毀的靈劍，因此讓賀茂保憲在高尾山神護寺舉辦「五帝祭」。所謂「五帝祭」祭拜的是中國傳說中的三皇五帝，認為眾神的靈力能夠藉此托依在劍或寶物上。

雷公祭

朝廷主辦的祭祀之一。發生落雷的時候就會在內裏北邊的北野進行。另外春雷又被稱為「蟲出之雷」，代表冬天結束以及耕作起始，同時雷這個字是「雨」在「田」上，因此後來進行豐收祈求的時候也會舉辦「雷公祭」。

高山祭

朝廷主辦的祭祀之一，內容是祈禱能夠除蟲害及豐收。天安二年（西元八五八年）、貞觀元年（西元八五九年）派遣滋岳川人、藤原山蔭等人前往大和國吉野郡高山，依照「董仲舒祭法」進行高山祭，因此高山祭會成立應該與滋岳川人的存在有相當大的關係。之後都在京城北邊的船岡山舉辦。

祓

事和祭祀對於陰陽師來說是非常重要的工作。將附著在個人身上的罪惡及穢氣轉移到人偶或者本人的衣服等物品這類「撫物」之上，然後拿到河川之類的地方放流便是「祓」，最具代表性的就是「河臨祓」※1 或者「七瀨祓」※2 等。另一方面積極逼退疾病、祈求平安生產、延命、祈禱豐收又或者是反彈詛咒等，為了這些目的所舉辦的就是「祭」。陰陽道的祭祀是在九世紀後半開始盛行，仁壽三年（西元八五三年）陰陽寮上奏表示要舉辦鎮壓有害之氣的祭典，之後成為每年的慣例。

天安二年（西元八五八年）根據『董仲舒祭法』為祈求五穀豐收而舉辦了驅蟲的高山祭；貞觀九年（西元八六七年）由於疫病流行，為了抑制傳染病而舉辦了「鬼氣

鬼氣祭

天皇或貴族等個人舉辦的祭祀。原本是為了治療疾病而在個人住宅的入口舉行，但在疫病流行的時候，也會在內裏正門等處舉辦較大規模的祭祀。長元三年（西元一〇三〇年）在陰陽頭惟宗文高建議下，於京城正門羅城門舉辦了「鬼氣祭」。另外在內裏東北、東南、西南、西北四個角落舉辦的「鬼氣祭」稱為「四角祭」，而在國境的四個地方舉辦的「鬼氣祭」則稱為「四堺祭」。

招魂祭

天皇或貴族等個人舉辦的祭祀。從前的人認為魂魄從人體離開也是疾病的原因之一，為了治病或者祈求無病無災就會舉辦這個祭祀活動。長曆四年（西元一〇四〇年）由於連續發生旱災、疫病、火災及颱風等大災害，因此九月的時候為祈求天皇健康而舉辦了「招魂祭」。

中原恒盛的招魂儀式以失敗告終（66頁）

詛咒祭

以往的人認為疾病、難產等都是他人詛咒造成的。因此天皇或貴族就會找來陰陽師，舉辦用來去除詛咒的「詛咒祭」。這個時候將針對本人的詛咒轉移到人偶上拿去放流，所以此祭祀和舉辦「河臨祓」的時候一樣會在河岸邊進行。

人偶

大將軍祭

如果必須要遷居到大凶遊行神大將軍（22頁）方位，貴族等就會進行個人祭祀，此時通常也會順便舉行「鎮宅祭」、「土公祭」、「防解火災祭」等祭祀。祭祀時會掛上畫有「大將軍祭」神像的掛軸並擺上鏡子。

大將軍

屬星祭

天皇或貴族等個人舉辦的祭祀。原先是對道教神明及北斗七星的信仰，日本到了九世紀逐漸盛行，到了十世紀左右開始認為這些星星會左右個人的一生，因此會祭祀北斗七星中個人所隸屬的那顆星星，稱之為「屬星祭」。

　　　　禄存星
巨門星　　　廉貞星　破軍星
貪狼星　文曲星　武曲星

本命祭

天皇或貴族等個人舉辦的祭祀。本命日是依照個人出生年月日推算出的特定干支，根據此時間祈禱個人延命或者招福。這是祭拜「天曹、地府、司命、司祿、河伯水官、掌籍、掌算之神」等神明，在『延喜式』（律令法典）中也規定陰陽寮每年要主辦天皇的本命祭六次。除此之外透過貴族們的日記，可以了解他們也有舉辦「本命祭」。

祭」。之後除了這類官方祭典以外，也開始出現越來越多為了天皇或貴族個人舉辦的祭祀，像是搭配每個人的本命日和屬星的「本命祭」或「屬星祭」等，都會於日常中頻繁舉行。藤原道長的『御堂關白記』裡頭也提及道長每次本命日的丙寅日都會召賀茂光榮前來舉辦「本命祭」。

※1　陰陽師會使用委託人的衣物將災禍轉移到人偶或者車形等物品上，在河川放流。
※2　在七處河流海洋進行。將天皇吹過氣、背負著災禍的人偶拿去放流。

祭祀＆祓
四角四堺祭（四角四境祭）

為了保護京城而舉辦的四境祭

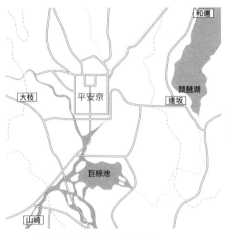

和邇
琵琶湖
逢坂
大枝
平安京
巨椋池
山崎

四角四境祭會舉辦兩種祭祀儀式。
合計需要八位陰陽師。

為了保護宮中而舉辦的四角祭

畫圈處即為「四角」場所

一條大路
大內裏
條院
朱雀門
冷泉院
二條大路
大學寮
朱雀大路

　　為了避免疫病進入自宅，在各房屋入口舉辦的就是「鬼氣祭」，但是在平安京內裏的話則會在南門的建禮門前舉辦。這並非個別祈求疫病退去，而是大規模祈禱疫病能從京城所有地方離開的祭祀，也就是「四角四堺祭（四角四境祭）」。

　　奈良時代末期寶龜元年（西元七七〇年）在京城四角以及畿內十幾處的邊界上為了祈禱疫病退去而舉行祭祀，被稱為「四隅疫神祭」或「畿內堺十處疫神祭」等，但基本上和「四角四堺祭」是一樣的祭祀。

　　這個祭祀會先準備金裝橫刀兩把、烏裝橫刀六把以及

　　關於「四角四堺祭」舉辦之處，平安京是在大內裏的四角，還有京城與山城國國境交界處的逢坂、和邇（龍華）、大枝、山崎；鎌倉則是在幕府的四角和鎌倉國境上的小袋坂、小壺、六浦、固瀨河。

　　塗上金銀的人偶，祭拜的是「皇天上帝、三極大君、日月星辰、八方諸神、司令、司籍、東王父、西王母、五方五帝」這些道教系統的神明，將金刀與銀人獻給眾神，並且頌唱祭文「東起扶桑、西至虞淵、南始炎光、北達弱水。千城百國、精治萬歲萬萬歲」。

別名
雩（祈雨）祭

龍是呼喚雨水的神獸。呼喚位於五個方位的所有龍神，進行非常強大的祈雨。

祭祀&祓

五龍祭

北方黑龍王（水）

西方白龍王（金）　中央黃龍王（土）　東方青龍王（木）

南方紅龍王（火）

根據五行說而來的五位龍神稱為五龍。分別是「東方青龍王」、「南方紅龍王」、「西方白龍王」、「北方黑龍王」以及「中央黃龍王」。

朝廷主辦的祈雨祭祀。

在董仲舒（82頁）的『春秋繁露』※1當中記載著透過「龍」祈禱降雨的求雨法，不過這只是依照五行思想向具有水屬性的龍祈求降雨，與日本舉行的「五龍祭」稍有不同。後來賀茂氏撰寫的『文肝抄』裡面寫著「同時祭祀五龍」，因此日本祈雨的「五龍祭」應該是祭拜五條龍。

在『日本紀略』中，記載了延喜二年（西元九〇二年）六月十七日曾舉辦「五龍祭」，之後便經常舉行。但是在天長元年（西元八二四年）的平安京，空海在淳和天皇敕令下於神泉苑進行祈雨並且成功降雨，因為這項功

續的關係，因此習慣上來說會同時舉行密教的「請雨經法」。延喜十五年（西元九一五年）六月於神泉苑舉辦的祈雨活動，在阿闍梨觀賢等人進行五日間修法的同時，也會有陰陽師在執行「五龍祭」。

另外根據『御堂關白記』記載，寬弘元年（西元一〇〇四年）由於旱災連綿，因此一條天皇命令安倍晴明進行「五龍祭」。當時成功降雨，天皇為了讚揚晴明功勞而下賜被物※2，但實際上降雨量還未能解除旱象。

※1　中國西漢儒學家董仲舒的著作。是關於政治及道德的論文集。內容強調天人感應論、復仇等。
※2　依功績饒贈之物。

支撐武家政權時代的
天曹地府祭

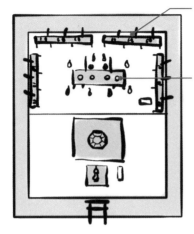

三個方向的祭壇上祭祀著白幣、銀幣、金幣。

中央的祭壇上擺放著神酒、銀錢等物品。

祭場示意圖。天曹地府祭與讓死者復活的泰山府君祭（46頁）相比規模較小，因此經費也比較低，頗為划算。

天曹地府祭

天皇或貴族等私人進行的祭祀，祈求延年益壽、健康、無病無災。是從院政時期開始舉行的祭祀。

鎌倉時代在進行將軍宣下※的時候也會請安倍氏的陰陽師執行此祭典，據說安倍氏會使用「冑」這個字取代「曹」，所以此祭祀又被稱為「天冑地府祭」。

進入室町時代的應永十三年（西元一四〇六年）正月，賀茂在弘為了將軍足利義滿舉行長達七天的「天曹地府祭」；應永三十二年（西元一四二五年）其子賀茂在方也為稱光天皇執行此祭祀。

此祭所祭拜的對象是「天曹、地府、水官、北帝大王、五道大王、泰山府君、南斗好星、北斗七星、家親丈人」等，每當天皇或將軍交接就會舉行。之後只要發生天地異變等大事，也會臨時舉行此祭祀。

到了江戶時代，每當將軍宣下或者天皇交接就會讓土御門家執行此祭祀，但後來因為政局混亂，明治天皇即位的時候並沒有舉行。

防解火災祭

略稱為火災祭，是在內裏或御所有所有新建築時為了鎮宅而舉行的祭祀。當時對建築物來說最嚴重的災害便是火

※此指朝廷任命掌握兵權的最高權力者為征夷大將軍。

向土神祈求的土公祭

向水火之神祈求的防解火災祭

北　東　西　南

朱童像　河伯像

司掌火的神明。代表陰陽的陽。

守護河川的神明。代表陰陽的陰。

土公神所在之處

竈　春　門　夏　井　秋　庭院　冬

地中伏龍是土公化身，隨著季節更迭，頭、腹、背、足的位置也會變化。伏臥的姿態是春季頭為東、腹為南、背為北、足則朝西。立柱的時候若建在腹部之外的地方都會成為凶相宅邸。

土公祭

土公神是陰陽道中的遊行神之一，司掌土。據說祂春天在竈中、夏天於門邊、秋天在井處、冬天於庭院，在這些季節裡若是在該處動土或者進行工程都為凶，因此要先進行「土公祭」來祭拜土公。另外若是土公造成疾病的時候，也會舉辦「土公祭」。鎌倉時代的陰陽師安倍泰忠的日記裡提到養和二年（西元一一八二年）正月，泰忠的父親安倍泰茂為安德天皇的母親，也就是建禮門院德子在六波羅殿舉辦了「土公祭」。

災，因此此儀式幾乎可說是為了伏火而舉辦的，因而得名。鎌倉時代的賀茂氏記錄祭祀活動的『文肝抄』當中提到，祭祀活動在北方的壬方位進行，寢殿四角釘上畫有河伯像的牌子，在建築物的丙方位則釘上畫有水精符的牌子，中央寢殿上的壬與丙方位也放兩艘船隻模型。然後陰陽師朝五方向的防解火災神、河伯及朱童神祭拜並朗誦「河伯為水精、朱童乃火神。水剋火即水定勝火」這樣的祭文。會呼喚身為火神的朱童神，是基於五行相剋的概念，目的是要請水神河伯抑制火神朱童。

可使之生也可使之死的陰陽師

墨書土器

將寫有文字的土器沉到水井的底部、或者埋到土裡的咒法。

藏人少將

身固

安倍晴明

在『宇治拾遺物語』當中寫著晴明所做的身固是「晴明一直抱著少將進行身固，徹夜念誦咒文給他聽、為他祈禱」。上面的插圖是示意圖。這是一種防止外來邪惡之物入侵、防守身心的護身咒術。但實際上並不會緊緊抱住，而是較為簡略化的「反閇」（144頁）。

人偶

將怨敵的魂魄封入紙張或木製的人偶當中。也可以進行燃燒、切割、打釘等各種折磨。但也經常使用在治療疾病而非詛咒，或者為了護身而用來進行祓事等。

撫物

撫摸人偶或衣物使委託者身上的穢氣轉移過去的咒法。當事者的穢氣轉移到撫物上之後到河邊放流或者燒掉等，將穢氣送到另一個世界。有時也會使用衣物、鏡子、梳子等物品代替人偶。

能使用詛咒禁忌殺人的陰陽師
以詛咒、靈符下咒

　陰陽師能夠靠著占卜得知怪事的前兆並告知大家、也會透過祭祀或祓事來為大家消災解厄，對於當時的人們來說是非常可靠的，但相對來說，大家也認為他們會使用這些特殊能力來殺人，是非常可怕的存在。

　安倍晴明在內裏的時候，曾有位年輕俊美的貴公子藏人少將來訪，結果晴明眼睜睜地看到上空飛過的鳥兒竟拉屎在少將身上。晴明看穿這是其他陰陽師的詛咒，因此告訴對方：「你被某個人詛咒了。置之不理的話今晚就會死。」然後採用身固之法保護少將，結果詛咒少將的陰陽師由於晴明的「式神返詛」而死亡。據說是少將的連襟由於嫉妒丈人只疼愛少將，因此委託陰陽師殺害他。就算是具備詛咒殺人能力的陰陽師，在能力更高強的陰陽

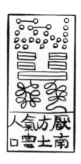 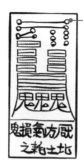

○代表星星

將星與星連結在一起的線條代表和合

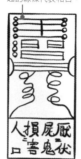

鎮宅靈符由72張構成。上面寫著「厭鬼」等字樣，用來袪除人生中的邪惡之物，總共有72個詞彙。靈符會使用生漉和紙（未加工的原紙）、合歡木、桃木或白柳木枝。墨則使用濃墨或硃砂來書寫。

安倍晴明與鎮宅靈符

當時深信陰陽師所寫的靈符也具有一定力量。守護家中不受火災或各種災害損傷的護符「鎮宅靈符」就相當有名。順帶一提，位於奈良的鎮宅靈符神社內的主祭神「鎮宅靈符神」據說是由安倍晴明開眼的。

急急如律令

陰陽師在祭祀的時候會先朗誦祭文，最後一定會寫上「急急如律令」。這原先只是一句命令，用來表示「盡速依照律令內容執行」，但在陰陽師長時間使用下，這個句子變成可獨立作為咒文或靈符來使用。

寫著急急如律令文字的木牌。大多由遺跡中出土。原先是中國漢朝使用在公家文件上的句法。平安時代中期貴族社會使用的兒童學習教科書「口遊」當中則記載著為了避諱方位神之一太白神的方忌，進行万達的人會念著「一明心者／二明福者／萬明心者／千萬福者／急急如律令」這樣的咒文。

戰國大名今川義元使用的印章上面有「如律令」三字。

師採行因應儀式的情況下也無法成功（出自『宇治拾遺物語』）。那個時候的人們相信陰陽師能夠使用咒禁來袪除疫神及惡鬼，那麼肯定也能夠咒殺其他人。尤其是當時掌權之人藤原道長似乎非常受人怨恨，因此據說遭到陰陽師以咒禁詛咒的故事也不勝枚舉。

平安時代的風俗 十

即使是貴族的房屋，地面也是鋪設木板，只會在個人坐下的地方擺放榻榻米。榻榻米也會依照坐下之人的身分高低而有固定的厚度和邊緣圖樣。身分較低者只能坐在有包邊的蓆子上。

羽生結弦選手與安倍晴明

二〇一四年於索契冬季奧運首度為日本奪下男子花式滑冰金牌的羽生結弦選手，在二〇一八年的平昌冬季奧運賽場上再次拿下金牌，達成六十六年以來終於有人再次連霸的偉業。當時羽生選手的長曲表演為「SEIMEI」，是以二〇〇一年時狂言師野村萬齋主演的電影『陰陽師』中的安倍晴明為主題做出的編排。

在電影當中有由野村扮演的安倍晴明展現美麗舞蹈的段落，羽生選手在表演開頭兩手的俐落動作也是模仿電影中的姿勢。原先野村飾演的安倍晴明身穿狩衣，因此舞蹈一開始舉手的動作其實是只為了揮開長長的袖子，動作本身並沒有什麼意義。但因為花

式滑冰服裝的袖子是貼合身體的，所以這個動作變得沒有必要。然而由於比賽前和羽生選手對談的野村提出「或許可以加上貫穿天地的意義在其中」，所以羽生選手的動作也修改為

「支撐天並抑制地」感的動作。

「SEIMEI」由此強而有力動作來作為開頭，兩次改寫前人無人能達的世界紀錄分數，成為花式滑冰界傳說中的表演。

「SEIMEI」的編舞動作

以狩衣為原型打造的服裝。原本狩衣的肩膀和腋下都是開的，但是花式滑冰服裝則縫合起來。

第二章

大明星
陰陽師
安倍晴明

安倍晴明出生於西元九二一年（推測）、一○○五年逝世。生活在距今正好約一一○○年前的京都。身為大明星的他究竟做了些什麼呢？據說生下他的母親是狐狸、從小就能看見妖怪和鬼。還會驅使式神、使死人復活等，在世間流傳中有如神明一般的安倍晴明，本章將一一解說與其特殊能力有關的事蹟。

安倍晴明

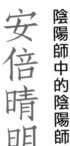

安倍晴明都穿什麼

束帶姿態

平安時代在陰陽寮工作的陰陽師大多是具備六位以上位階的貴族。因此一般認為他們也會穿著貴族們穿的服裝。所以晴明應該也會穿著文官於朝廷工作時候的正裝，也就是束帶。

狩衣姿態

這並非陰陽師獨特的裝扮。不過在各式各樣衍生作品當中，晴明通常都被描繪為穿著「白色狩衣」。概念是以晴明最有名的肖像畫、也就是阿倍王子神社收藏的「安倍晴明像」裡身穿白色狩衣的樣貌為基礎。

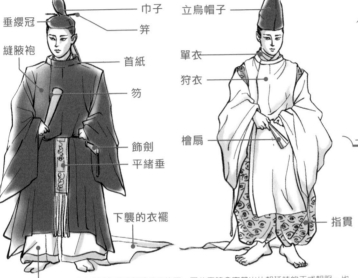

束帶姿態：
- 巾子
- 笄
- 垂纓冠
- 縫腋袍
- 首紙
- 笏
- 飾劍
- 平緒垂
- 下襲的衣襬
- 表袴

狩衣姿態：
- 立烏帽子
- 單衣
- 狩衣
- 檜扇
- 指貫

安倍晴明最後的官階是從四位下，因此應該會穿著出仕朝廷時的正式朝服，也就是束帶。袍子的顏色會因官位而異，原本四位是深緋色、五位是淺緋色，但是到了晴明侍奉的一條天皇時代，變更為五位以上全部都是黑色。束來的布料在平安後期是現在較常見的強裝束，但在晴明那時候應該是以外觀比較柔和的柔裝束為主。

平安中期以陰陽師之姿活躍的安倍晴明，據說祖先是飛鳥時代擔任左大臣的安倍內麻呂（阿部倉梯麻呂），但是到了晴明的父親安倍益材時已經衰落為下級官僚。在『續古事談』當中提到晴明還是大舍人（負責雜務的下級公務員）的時候，曾得到「將成一道達人※」的占卜結果。平安中期由於大貴族藤原氏而使得身分制固定化，晴明到了四十歲才終於成為天文得業生※，或許是覺得自己不可能靠家庭背景出人頭地，因此決心憑藉自身能力一展鴻圖。

晴明在以曆家身分聞名的賀茂忠行（68頁）及其破例獲得拔擢的兒子賀茂保憲（69頁）門下學習曆學及天文學，自保憲死後一直到寬弘二年（西元一〇〇五年）晴明八十五歲高齡過世為止，他為花山天皇、一條天

36

晴明簡歷

年份	事件	年齡
921年（推定）	誕生	年紀
960年	成為天文得業生	40歲
961年	成為陰陽師	41歲
972年	成為天文博士	52歲
995年	成為主計權助（管理國家財政收支的主計寮當中的副長）	75歲
997年	成為大膳大夫（掌管朝廷儀式所需餐飲的行政單位大膳職的長官）	77歲
1000年	官階升到從四位下。從五位以上就是殿上人，以陰陽師來說是相當特殊的拔擢	80歲
1002年	成為左京權大夫（掌管京城行政的機關之長官）	82歲
1005年	逝世	85歲

紀錄上顯示晴明也曾經擔任天皇秘書工作「藏人所」的職員。這是在天皇需要陰陽師的時候必須能夠馬上應對的行政單位，因此他擔任天皇個人的「藏人所陰陽師」。當時都是指派最為優秀的陰陽師任職，那是西元九九五年、晴明七十五歲左右的事情。

現今的晴明神社還留有一口相傳是因為晴明靈力而湧出井水的「晴明井」，畢竟是陰陽道的神社，每年立春的日子就會將井的出水口轉向吉利的方向。

四十歲晚來的出頭天

安倍晴明正式在歷史舞台亮相是在天德四年（西元九六○年）作為天文得業生登場，當時他四十歲。這年紀可說是非常晚才當上官員。但是之後很快便於應和元年（西元九六一年）出人頭地成為陰陽師、天祿三年（西元九七二年）成為天文博士。在賀茂保憲過世後成為陰陽道界的頂點，曾任穀倉院別當、大膳大夫，最終成為從四位下的左京權大夫。

八十五歲才往生，在當時可是驚人的長壽，而晴明的榮華也是晚年才來訪。

晴明的住處在哪裡？

安倍晴明的居所遺址最有名的就是京都市上京區的晴明神社，但其實是因為此處距離跟陰陽師關係密切的一條戻橋很近，在江戶時代才傳出的說法。實際上晴明子孫安倍泰親和安倍晴道的繼承之爭紀錄中寫著「左京北邊三坊二町南南西角的六戶主」，因此大概是在目前京都布萊頓飯店那一帶（71頁）。

皇、當時的掌權者藤原道長等人占卜、進行祓事或祭祀、反間（144頁）等，以第一人之姿君臨陰陽師界。晴明如此多才多藝也讓他的事蹟在死後依然於世間流傳，到了鎌倉時代甚至還因為『今昔物語』及『宇治拾遺物語』等書籍將他塑造成擁有特殊能力的超級英雄，也使他的大名更加廣傳於世。

陰陽師傳聞 一

撰寫於平安後期的『換身物語』，是男性和女性對調身分生活的故事。後來以男性身分生活而剪短頭髮的「姬君」要恢復女性身分的時候，便使用從吉野宮拿到的秘藥讓頭髮一天長三寸（約九公分）。

※頒發給具備高度學問及技術、成績優秀者的身分。在修學、通過考試以後便能就任專職。晴明在陰陽寮中成為天文學的得業生。

英雄與異類婚姻譚

史實上並沒有留下資料寫晴明的母親是什麼人，但生母是狐狸的這個傳說似乎在中世的時代就出現了。而且是跨在白狐身上、姿態有如密教女神荼枳尼天的樣貌。在歌舞伎或人形淨琉璃作品中也有呈現孩童晴明和母狐分別的場景。

歌舞伎的『蘆屋道滿大內鑑』裡，身分即將曝光的母白狐（葛葉）在紙門上寫了下分別的和歌「多麼留戀哪　待你成人來見吾　便在那和泉　信田森林中　怨情無限葛之葉」。舞台上演員會實際上用左手書寫、或者寫出鏡照文字、也可能是以口啣筆書寫表演「曲書」，是本劇看頭之一。

明星終將成為傳說

故事中的安倍晴明

童子（之後的安倍晴明）

安倍保名在妻子白狐葛葉離開以後，抱著兒子晴明前往信太的森林當中尋找孩子的母親。葛葉雖然因為想念兒子而再次化為人類的姿態現身見面，但最終還是表示無法再次與人類生活而變回白狐的樣子離開。

葛葉

在安倍晴明死後，陰陽道就被安倍氏及賀茂氏兩家掌握。

安倍氏為了對抗賀茂氏，因此刻意大肆宣傳稀世天才陰陽師安倍晴明的能力，這讓他宛如擁有超越人類智慧的特殊能力、以近似「神」的存在流傳於世。

以這種方式廣為流傳的晴明樣貌也被投影到故事世界當中，成書於中世的『今昔物語』和『宇治拾遺物語』之中提及他在孩提時代便能見到百鬼夜行（40頁）；操控式神殺死青蛙；將遠從播磨來比試術法高下的僧侶持有的式神隱藏起來等等，將他描繪成彷彿擁有超能力的超級英雄。

到了江戶時代，可以說是讓晴明成為超級英雄的絕對關鍵，因為假名草子『安倍晴明物語』出版了。

在『安倍晴明物語』當中，第一卷

淨琉璃和歌舞伎的作品中會披上白色皮毛的服裝，用來表現恢復成狐狸的樣子。

變成白狐的樣貌。『本朝廿四孝』和『義經千本櫻』等作品中也都有白狐出現。

淨琉璃、歌舞伎中的安倍晴明

以晴明為題材的『蘆屋道滿大内鑑』是江戶中期由初代竹田出雲撰寫的作品，原先是高人氣的淨琉璃作品。在淨琉璃初演後第二年便被改編為歌舞伎，一樣很受歡迎。這原先是總共五幕的作品，但明治以後較常上演白狐化身的葛葉和晴明這對母子別離的第四幕，通常被稱為『葛之葉』。

安倍晴明的祖先是阿倍仲麻呂？

奈良時代被派遣前往大唐的遣唐使阿倍仲麻呂，最後沒有回到日本、在異鄉離世。在假名草子『安倍晴明物語』當中寫著他是安倍晴明的祖先。故事裡設定死去的阿倍仲麻呂成為鬼魂幫助吉備真備，但其實吉備真備是同時和阿倍仲麻呂一起去大唐的，因此這完全是虛構的故事。

阿倍仲麻呂非常優秀，因此唐玄宗也很喜歡他，到大唐歷經三十年以後，玄宗仍不放他回國。因此他思念故鄉奈良時曾頌詠和歌「天之原　回首遙望時春日　或為三笠山上月」一首，收錄在『古今和歌集』裡面，現在也作為百人一首的和歌之一而廣為人知。

阿倍仲麻呂
（698-770）

所謂「天之原　回首遙望時春日　或為三笠山上月」的意思是「仰望天空能看見月亮，那是否和故鄉春天時分三笠山上昇起的月亮是同一輪呢」。

寫了晴明出生之前的吉備真備以及阿倍仲麻呂的故事，第二卷和第三卷則是狐之子晴明誕生、向吉備學習大唐國傳來的『簠簋內傳』（50頁），身懷異能並以此為武器而大為活躍的故事。

江戶時代以相當流行的晴明為題材創作出來的淨琉璃和歌舞伎，也大多是以『安倍晴明物語』作為底本。

百鬼夜行正如其名，意指有各式各樣的妖魔鬼怪列隊前進。平安京大內裏東南方的二條大路與大宮大路的交叉路口經常會出現百鬼夜行，導致過路人發出驚聲慘叫，因此該處被稱為「慘叫路口」。

眼能見百鬼夜行之少年時代

自幼便展現了才華

貓又

鳥兜

鎗毛長

釣瓶火

肉人

琵琶牧牧

沓頰

如意自在

塗佛

少年時代的安倍晴明

琴古主

在「今昔物語」當中提到右大臣藤原良相的兒子藤原常行打算前往愛人之處，卻在美福門附近遇上了百鬼夜行。但此時常行身上的衣服裡頭縫著奶媽請阿闍梨為他書寫的「尊聖陀羅尼」經文，因此他並沒有被眾鬼們看見。

　　後來被譽為「天下無雙陰陽師」的安倍晴明，在孩提時代便具備了異於常人的能力。在『今昔物語』中記載著這樣的故事。孩提時代的晴明跟隨有著「當代首屈一指」之名的賀茂忠行學習陰陽道。某天忠行離開京城去進行祓事，回來的路上由於太過疲憊而在牛車裡打盹，在牛車旁跟著走的年幼晴明，忽然發現前方有大量妖魔鬼怪走來，連忙叫醒沉睡的老師並告知此事。驚愕萬分的忠行趕忙施術隱藏整輛牛車不讓鬼怪看見，因此兩人都平安無事。這段經歷也讓忠行感嘆地說道：「連我都得在修行過後才好不容易能見著鬼，這孩子還這麼小就能看見了……」可見晴明有著天生的才能，因此將自己所知的陰陽道知識全部傳授給晴明。

安倍晴明

算木

笑不停的貴族們

以算木使人發笑

在某個庚申之夜。聚集在宮中的眾人向晴明說道：「來點餘興節目讓大家笑一笑吧。」然後交給他算木。結果明明沒有任何有趣的事情，在場眾人卻突然開始大笑了起來。因為笑過頭而感到痛苦的人們懇求著：「拜託你住手。」晴明才挪動了算木。結果大家立刻不笑了。這個故事說明他也能操控人的情緒。

算木是古代中國用來做計算工作的工具，在日本也會用於和算。這看在一般人的眼中顯得非常不可思議，所以才會將這東西和晴明的法術連結在一起吧（出自『北條九代記』）。

庚申之夜又名為「庚申待」，如果在那天晚上睡著，身上的三尸蟲就會去向上天告發那個人所犯下的罪惡，因此得要整晚醒著才行（105頁）。因此他們可能是為了避免睡著而要求晴明表演些餘興節目。

占卜得知
花山天皇頭痛的原因

花山天皇有頭疼的毛病，雖然做過許多治療卻毫無起色。晴明占卜後告知天皇：「陛下前世是一位偉大的修行之人，死後骷髏卻夾在岩石之間被壓住，因此這一世才會感到頭痛。」派人前往晴明所說的地方調查，發現真的有骷髏夾在岩石之間。將該骷髏取出放在開闊之處以後，花山天皇的頭痛也完全痊癒（出自『古事談』）。

大峰山中的岩石
（現在的奈良縣南部）

化為骷髏的小野小町詠唱著「眼孔中蘆葦隨秋風擺動痛呀」等故事，都表現出有許多傳承認為化為骷髏的故人依然會感到身體疼痛。

陰陽師傳聞
三

京都的六道珍皇寺前，相傳是人世間與另一個世界交界的地方，被稱為「六道路口」。寺院境內的某個水井也留下了傳說，據說小野篁便是從該處前往地獄，協助閻魔大王執行政務。

在日文中，鬼這個字也可以寫作讀音相通的「隱」，指的是所有肉眼不能見的隱藏之物。正因為能看見那些原本應該看不見的東西，因此可說晴明自孩提時代便具備了陰陽師的資質。

晴明可驅使式神

晴明拋出的紙張化為
白鷺飛往六條。

式神（也會簡稱為「式」）是陰陽師驅使
的一種鬼神，原先並非人眼所能見到的
存在。據說大多數陰陽師都能驅使式
神，但相傳安倍晴明連其他人的式神都
能任意操控，可見他操縱式神的技術在
陰陽師當中也是頂尖的。

草葉等也是式神的
一種形代。

使用式神殺死青蛙
代替殺人

晴明拜訪廣澤的僧正時，一旁的
貴族們和年輕僧侶詢問他「是否能
以式神殺人」。晴明回答：「辦得
到。」因此僧人們要求他「務必示
範一下」。晴明雖以「恕難行此
罪惡之事」回絕，卻還是拔了附近
的雜草並念誦咒文，然後丟向池子
裡的青蛙。結果青蛙整個被壓碎破
裂。

安倍晴明與式神

式
神是陰陽師驅使的鬼神，留
下了許多相關的故事。在安
倍晴明活躍的平安中期，建立起藤
原氏全盛期的藤原道長樹立了許多
敵人，當時建設了法成寺的道長每
天都會帶著心愛的白狗去寺廟，但
某天白狗卻咬著他的衣襬，無論如
何都不讓他進寺裡，因此道長找來
安倍晴明占卜。來到此處的晴明表
示：「路上埋著詛咒用的土器，要
是不知不覺就這樣踩過去可就糟
了。」然後讓人把土器挖了出來。
之後晴明從懷裡取出紙張綁成鳥的
形狀，念誦咒文之後將紙張拋到空
中，結果紙張馬上變成白鷺的樣子
飛往了六條的方向。白鷺變回紙張
落下之處，是一位名為道摩的年邁
法師居所，因為他坦承「是堀川的
左大臣藤原顯光要求我咒殺道長大
人」，所以就被流放到播磨。

晴明的屋宅
有眼所不能見的
式神在工作

晴明在家裡觀看天象得知花山天皇驟然退位之事，為了要盡速通知宮內而派出式神。但式神打開晴明家大門，正好看到剛通過的花山天皇一行人背影。據說附近的人都聽見了式神說「方才陛下已經過門前」，卻看不見其身影。相傳晴明的屋子在他死後依然會有「眼所不能見的東西」擅自開關門窗等。

式神在繪畫中總是被描繪成姿態奇特的小鬼。這些也會被晴明差遣去做雜事的小鬼，會不會是神祕現象的一種呢？從被使喚的小鬼們身上，可以感受到宛如「寶可夢」那樣的可愛感呢。

安倍晴明驅使的十二神將又被稱為十二天將，和佛教的十二天將並不相同。這是對應星神和十二支打造出的陰陽道特有概念，指的是「六合、青龍、貴人、天后、大陰、大裳、騰蛇、朱雀、勾陳、玄武、白虎、天空」這十二神。

——一條戾橋

一條戾橋的式神

京都的一條戾橋被認為是連結人世間與另一個世界之處，有許多不可思議的傳聞。其中之一是安倍晴明將十二神將藏在此處。由於晴明的妻子十分害怕式神的面容，堅持要晴明想辦法解決，晴明只好把式神藏到橋下去。就算是絕世天才陰陽師，也還是很疼老婆呢。

陰陽師傳聞
四

位於大內裏鬼門位置的一條大宮路口被稱為「慘叫路口」，是百鬼夜行出沒的地方，因此受到京城民眾的恐懼。孩提時代的安倍晴明陪伴老師賀茂忠行遇上百鬼夜行，據說也是在此「慘叫路口」發生的。

在晴明的肖像畫等處，式神大多都會被描繪成體型小、外觀奇特的樣貌，不過如同『宇治拾遺物語』這段故事當中所說的，也有些傳說表示陰陽師會用紙張變化出式神。

破敵劍
持此劍者不會遭到攻擊、
敵人也不會攻過來。

守護劍
據說持有此劍者不會生病、
延年益壽。

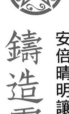

鑄造靈劍

安倍晴明讓靈劍重生？

晴明復活的靈劍上刻著些什麼？

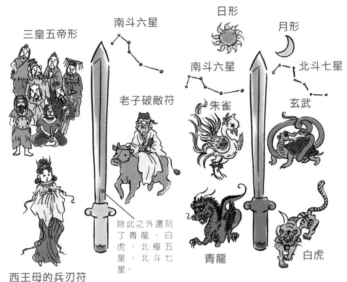

三皇五帝形
南斗六星
老子破敵符
除此之外還刻了青龍、白虎、北極五星、北斗七星。
西王母的兵刃符

日形
月形
南斗六星
北斗七星
朱雀
玄武
青龍
白虎

「守護劍（護身劍）」和「破敵劍」兩把靈劍上據說各自刻著「太陽與月亮」、「南斗六星與北斗七星」、「朱雀、青龍、白虎、玄武四神」、「三皇五帝」等各種圖樣，還有「道教的符咒」以及表示「遠離不祥、成就百服、延年益壽萬萬歲」意義的銘文。古代刀劍上經常刻劃著北斗七星等星星。在靈劍上刻劃星星的樣貌，想必是希望其力量能依附在劍上吧。

天德四年（西元九六○年）平安京內裏發生火災，燒毀了百濟傳來的「守護劍（護身劍）」和「破敵劍」兩把靈劍在內共四十四把刀劍。「守護劍」是保護天皇的靈劍。「破敵劍」則是節刀※，用來賜予代替天皇討伐敵人的大軍，所以不能因為被燒毀就這麼算了。在鎌倉時代撰寫的『塵袋』裡記載，村上天皇命令安倍晴明打造新的靈劍來代替原先的靈劍。安倍家也有留下「大刀契之事」的文件，上面也寫著在天德四年燒毀的靈劍，於隔年應和元年（西元九六一年）請晴明在愛宕山神護寺重鑄。

但是『塵袋』中記載賀茂保憲（69頁）在鑄造靈劍的時候舉行了五帝祭（26頁），而村上天皇的日記也寫著命令保憲鑄造靈劍。天德四年的時候晴明不過是個天文得業生，而

壺切御劍

據說此劍是醍醐天皇還是皇太子的時候，其父宇多天皇將藤原基經獻上的劍賜給他。

天皇家代代相傳的「三種神器」當中包含了「草薙劍」，可知自古以來「劍」就被認為是有靈力的東西。

鑄刀時的祭禮場所

賀茂保憲主辦的五帝祭是在愛宕山施行，該處自古以來就以祭拜火神之山聞名，同時也是全國多達九百多間愛宕神社的總本宮所在地。由於鑄劍需要用火，因此才選擇有火神鎮座的愛宕山做為祭禮場所吧。現在京都也仍有許多家庭貼著愛宕神社的「火迺要慎」符咒，那裡過往也是修驗道的道場、相當繁榮，世間也流傳「伊勢七回、熊野三回、愛宕每月前往」的說法，可見該地信仰之深厚。

火迺要慎符咒

據說賀茂保憲和安倍晴明舉辦鑄造靈劍祭典之處，正是同為愛宕山系的神護寺境內。

天皇家傳承的靈劍

天皇家代代相傳各式各樣的寶劍，三種神器當中的「天叢雲劍」（即草薙劍）也是其中之一。不過傳承給每一代皇太子的「壺切御劍」也有著有趣的傳說。患病的文德天皇將壺切御劍交給陰陽師，命他施行祛除疾病的法術。但是天皇的病況並沒有好轉、就此駕崩，害怕的陰陽師因而逃亡了。要是劍也不見可就糟了，大家只好到陰陽師施術的神泉苑尋找，幸好最後順利尋獲（出自『宇多天皇御記』）。

將女人變化為鬼的樣子以面具來表現，戴上長有小角的「生成」面具。

鐵輪是裝有三隻腳的鐵圈，通常是放在火鉢或者火爐裡用來擺放水壺之類的東西。

以『劍卷』為原始文本創作的『鐵輪』

以「平家物語」當中與名劍有關的『劍卷』為基礎創作的能劇『鐵輪』是描述一位妻子由於怨恨拋棄自己、移情別戀的丈夫，因此頭戴鐵輪前往貴船神社進行丑時參拜，不知不覺間變成真正惡鬼的故事。能劇當中該丈夫前去尋找安倍晴明求救，因此晴明以紙張製作成夫妻人偶、放置在祈禱壇上施術，保護丈夫不被化成鬼的妻子傷害。

保憲則是天文博士。總不可能撇開上司就命令得業生負責打造全新靈劍。所以主要的負責人應該是保憲，而晴明則是負責協助的角色吧。這可能是之後安倍家的子孫為了幫安倍家錦上添花，才將晴明描述為主要的負責人。

陰陽師傳聞 五

陰陽師一定要學習的書籍包含「周易」、「新撰陰陽書」、「黃帝金匱」、「五行大義」等作品。其中整理出陰陽五行概念的『五行大義』據說在發源地中國早以佚失，只流傳在日本。

　※由天皇授給遣唐使或出征將軍、象徵權威的刀

安倍晴明所擅長的復活之術

發明泰山府君祭

朗誦都狀

都狀是陰陽是誦讀給眾神的信件。陰陽師朗誦都狀並對每個神明祈禱誦念，進行燒香、獻酒、禮拜等儀式。

在「泣不動說話」當中出現的高僧智興。靠著晴明的「泰山府君祭」撿回一命。

準備好書寫用具

人們認為泰山府君負責管理記錄人類壽命的「都籍」。在藤原行成的日記當中提到泰山府君祭會事先準備「硯」、「墨」、「筆」，應該是為了讓泰山府君能夠改寫都籍上的壽命，因此先準備好工具。

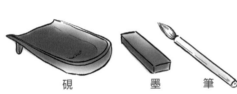

硯　　　墨　　　筆

「泰山府君祭」是為天皇或貴族等個人祈求延長壽命的祭祀活動。要向冥府神明泰山府君為首、於道教中掌管人類生死與壽命等共十二位神明進行祈禱。這個祭祀活動通常會於夜間在委託者的宅邸或者陰陽師家中庭院舉行，在藤原忠實的「殿曆」中也寫著他自己在安倍泰長宅邸的庭院進行禮拜一事。這是在十一世紀前後開始的祭祀活動，內容幾乎與天曹地府祭（30頁）相同，但是規模較小。

安倍晴明擅長能夠使死者復活的「泰山府君祭」一事也廣為人知。在『今昔物語』當中，晴明為了重病即將離世的高僧進行祈禱時，表示「必須有人成為替身，否則無法救他」，因此弟子挺身而出成為替身，晴明便施行泰山府君祭直到天明前。結果高僧逐漸康復，成為替身的弟子則痛苦起來的部分則是三井寺所傳承的『泣不動說話』中的內容，這位將死的高僧是三井寺的智興，挺身而出的弟子則是証空。在晴明施行泰山府君祭的時候，智興雖然逐漸康復，但是証空開始痛苦地呻吟。由於實在太過痛苦，因此証空試著膜拜平日便極為尊敬的不動明王流著血淚平結果不動明王法相圖，替了師父，那麼我代替你吧。」於

46

泰山

南天門

泰山位於現今中華人民共和國山東省泰安市，是標高一五四五公尺的山。從中天門前往南天門共有七千階的階梯，相當有魄力，不過現在已經可以搭乘纜車上山了。

泰山與泰山府君之神

　　晴明進行延命祈禱的對象泰山府君，是居住在中國五岳之一泰山的神明。五岳是根據五行說定出來的，分別是中岳嵩山、北岳恒山、西岳華山、南岳衡山、東岳泰山這五座靈峰。當中泰山最為有名，是歷代皇帝向天地報告自己即位、進行封禪儀式的場所，而該處的泰山府君被認為是掌管人類壽命的神明。或許很接近希臘神話裡的冥王哈帝斯或者日本的閻魔大王那樣的神明。

同時握有任命土地神權力的泰山府君

　　在中國的『搜神記』當中提到有個名為胡母班的男人在泰山見到自己死去的父親靈魂在那做苦役，於是向泰山君請求讓父親回到故鄉成為土地神。但是成為土地神的父親每天看著孫子們，越看越覺得可愛，於是就把他們叫到了自己身邊。沒想到孩子接二連三死去，胡母班只好再次前往泰山面見府君，請求府君將土地神換成別人。可見泰山府君除了能夠讓死者復活以外，同時也掌控了地方神明的任命權。

泰山府君

中國有許多類似日本閻魔大王職位的神明，除了泰山府君以外還有佛教系統的「十殿閻王」。三國志中相當有名的關羽日後也被奉為與冥界有關的神明「伏魔大帝」。

　　是智興和証空兩個人都恢復活力，顯然不動明王要比安倍晴明高強許多。

　　無論如何，在兩段故事中都有提到晴明將替身弟子的名字寫在「都狀（給神明的信件）」之上，向泰山府君告知替身姓名，這一點是相同的。

占卜使用的六壬式盤

天盤

地盤

安倍晴明撰寫的占卜秘訣書

占事略決

圖片參考：六壬式盤（復原模型）京都府
京都文化博物館藏　原品監修：小坂真二

使用式盤進行的占卜，首先必須從接到占卜委託的時間等打造出「課式」，還要由占卜日的干支、占卜時間的十二支推算出來。調查表示占卜日太陽位置的「月將」，然後求得四課、三課、二課、一課的十二支，填入天盤及地盤以後，推算出占卜事項的初傳、中傳、末傳這「三傳」。

① 北斗七星
② 十二月將
③ 十干十二支
④ 二十八星宿
⑤ 八干十二支
⑥ 二十八星宿
⑦ 三十六禽
⑧ 八卦八門

將圓形天盤和正方形地盤結合而成的盤面。藉由旋轉天盤來解讀它與地盤之間的關係。

安倍晴明寫給後代子孫的書籍『占事略決』，內容是三十六種六壬式占卜基本方法。有許多陰陽道書籍都流傳為晴明所寫，但大多是偽書，只有這本確實是晴明的著作無誤。六壬式原先是中國漢代時發明的占卜方式，使用在方形的地盤疊上圓形的天盤做成「六壬式盤」進行占卜。現在並未有日本陰陽師實際使用過的式盤留下，但是中國留有幾個，因此可以知道是什麼樣的東西。

占卜的時候要先將預定占卜的事項發生時間、受到委託的時間干支都放在式盤上，然後依序旋轉式盤算出四個干支的對應關係（四課）。從裡面最重要的「課」依照五行說求得初傳、中傳及後傳。這稱為「立四課三傳」。然後再根據式盤上出現的十二月將或十二天將的個

48

對於攝關家來說，自然會希望自己家能夠生出女兒好嫁給天皇。與此同時也希望嫁入宮內的女兒能夠生下成為天皇候補的男孩。

以占事略決來決定的事情

現在只要在醫院調查一下便能夠知道將要出生的小嬰兒是男是女，但在晴明活躍的平安時代，只能依靠不怎麼精準的占卜。尤其是對藤原氏來說，嫁給天皇的女兒產下男孩，是得到下一任天皇寶座的必要條件。因此『占事略決』也記載了靠占卜得知即將出生之嬰兒是男是女的方法。另外還有生產時期、疾病原因、壽命到何時等，網羅了當時人們關心的大小事。

花園天皇
學習『占事略決』

學習易或陰陽道占卜是非常特殊的行為，也被認為是相當危險的事情。但是鎌倉時代的花園天皇對於占卜相當有興趣，因此成為上皇以後（想來當天皇的時候還是有稍微節制些）便非常熱中於學習陰陽道，在元亨四年（西元一三二四）年的日記當中提到他命令安倍泰世取來晴明的『占事略決』。順帶一提安倍泰世是晴明的直系子孫，也是留下據傳為日本最古老星圖「格子月進圖」抄本的人。

花園天皇
（1297-1348）

花園天皇在延慶元年（西元一三〇八年）由於後二條天皇猝逝，年僅十二歲便即位。對於學問及和歌之道都相當有興趣，在位僅十年便禪讓給後醍醐天皇。

陰陽師傳聞
七

在『竹取物語』當中向輝夜姬求婚的五位貴公子都是有原型人物的。據說被要求拿來蓬萊玉枝，結果打造了贗品獻上卻被揭穿的「車持皇子」的原型其實就是藤原不比等。

性，推算出占卜的結果。這個步驟稱為「推條（推之）」，是占卜當中最重要的作業。就算正確推算出「四課三傳」，要推演出具體的結果並不容易，但安倍晴明被稱為是個相當善於此道的天才陰陽師。

浦島太郎

龍宮的乙姬

安倍晴明

日本各地都有拯救了被孩童欺負的烏龜，因此得以前往龍宮的浦島傳說，而且內容細節都有些不同。在京丹後流傳的版本是浦島獨自一人出海釣魚，結果釣到一隻五色龜，烏龜變成了美女、表示自己是龜姬，並且帶領浦島前往常世。浦島在那裡生活了三年並得到玉手箱後返鄉，結果已過三百年。浦島覺得萬分寂寞而打開了玉手箱，結果他的身體也逐漸化為煙塵、消失在空中，是個有點殘酷的故事。

曾前往龍宮城的安倍晴明

簠簋內傳金烏玉兔集

正式名稱是『三國相傳陰陽輨轄簠簋內傳金烏玉兔集』（以下稱『簠簋內傳』），而此書抄本稱為『簠簋抄』，也是江戶時代成書的假名草子『安倍晴明物語』的底本書籍。這是假托晴明名義撰寫的占卜書，但是最後的「由來」章節卻寫了各式各樣的晴明小故事。

某天年幼的晴明在神社拯救了一條被其他孩童欺負的白蛇。這條白蛇其實是龍宮乙姬的化身，因此祂招待晴明前往龍宮。龍王感謝晴明救了女兒，因此送給晴明能夠將所有疾病轉移到其他東西上頭的「龍王秘符」，以及能夠理解人類前世與過往、還有動物聲音的「青眼」。

晴明在回到人世間以後，以「青眼」的力量得知神殿鬼門方向有蛇與青蛙在鬥爭，而這正是天皇生病

太公望

有個傳說是文王看見太公望在釣魚，因此通俗說法也會把喜歡釣魚的人稱為太公望。

中國的偉人・太公望

這類書籍經常有類似的傳說，『簠簋內傳』據說是伯道上人獲得文殊菩薩傳授的祕術，共有一百六十卷，之後由太公望（侍奉周文王與武王之人，名為呂尚。又稱姜子牙）傳給了范蠡（侍奉越王勾踐的名宰相），然後又傳給東方朔（侍奉西漢武帝的政治家），幾乎動員中國歷代名人來套在這本書頭上。

妖怪玉藻前

同樣是『簠簋內傳』的內容，有個故事是晴明看穿近衛天皇寵愛的絕世美女玉藻前的真面目是隻狐狸。這和能劇『殺生石』是相同的套路，不過在能劇當中受到九尾狐化身的美女迷惑的是鳥羽天皇，而揭穿其真面目的則是安倍泰成（安倍泰親之子）。

真面目是金尾的九尾狐。被看穿真面目以後就變化為栃木縣那須的熔岩「殺生石」。由於溫泉地區產生的硫化氫等氣體會殺死鳥類和昆蟲，因而得名。

金烏 太陽裡的三腳烏鴉

玉兔 棲息在月亮上的兔子

書名展現天地陰陽

簠簋當中「簠」是指方形的器皿；而「簋」則是圓形的器皿。方形代表大地、圓形則是天，因此將兩者合在一起的玉器或青銅器「簠簋」便代表了天地，在古代中國是祭祀用的器具。

另外在古代中國，烏鴉是棲息在太陽中的鳥類，因此代表「陽」；而兔子則是在月亮上用玉杵搗著不老不死藥，因此代表「陰」。閃爍著光輝的金烏和玉兔正代表了「陰陽」。

陰陽師傳聞 八

以平安時代首屈一指的音樂家而盛名遠播的源博雅，追著突然從宮中消失的名琵琶「玄象」的音色一路飛奔到羅城門，在那裡對鬼大喝一聲，順利將「玄象」取回。

的原因。因此他上京告知天皇此事，果然在神殿丑寅方位的柱子下面找到蛇和青蛙。處理完之後，天皇的疾病也像從未發生過那樣痊癒了，因此天皇便賜給晴明官位。這個故事和「浦島太郎」非常相似，不過晴明沒有變成老爺爺，反而出人頭地了。

平安女流文學與陰陽師

安倍晴明以陰陽道大師的身分在宮中享譽盛名的平安中期，一條天皇的中宮裡聚集了藤原定子和藤原彰子等才貌兼備的女房們，因此同時也是個華麗後宮沙龍爭妍鬥豔的時代。其中侍奉定子的清少納言寫下了『枕草子』；而侍奉彰子的紫式部則寫出『源氏物語』等，誕生許多留存至現代的知名女流文學作品。

雖然沒有資料顯示清少納言或紫式部與安倍晴明有任何關係，不過清少納言在『枕草子』當中曾經提及一位陰陽師在進行祓事的時候，身邊的年輕弟子總能在他發出指令以前就快手快腳準備好酒或水等東西，是個相當伶俐的少年。對此她相當感動，還寫

下了「我也想要有這麼聰明的少年僕役呢」。此外她也提及法師陰陽師「看了令人不舒服」等，可以得知陰陽師並不是什麼陌生的職業。

另一方面，紫式部是在寬弘二年（西元一○○五年）前後侍奉彰子，由於那年安倍晴明過世，因此她在宮中直接見到晴明的可能性非常低。但是『源氏物語』的主角光源氏據說是以藤原道長作為模特兒寫成，還有一說認為紫式部也曾與道長有過情侶關係，因此或許有可能從與晴明關係密切的道長那裡聽說過晴明的事情。

陰陽師

少年

清少納言

第三章

明星陰陽師們

除了安倍晴明以外，日本還有許多陰陽師。例如修驗道之祖役小角、在大唐學習陰陽道的大師吉備真備、除了是安倍晴明的對手也是黑暗英雄的蘆屋道滿、晴明的老師賀茂保憲等，魅力十足的他們在幕後推動了日本。

役小角

又稱為役行者。據說出生於舒明天皇六年（西元六三四年）的大和國南葛城茅原。年幼時便會書寫梵文，17歲前往元興寺學道後在葛城山進行山林修行。之後又在熊野和大峰各地山林修行，某日龍樹菩薩授予大法而得以開悟。

錫杖

前鬼

男鬼、後鬼的丈夫。走在役小角前方，手執斧開道。

金剛杵

笈

斧頭

水瓶

後鬼

女鬼、前鬼之妻。背負笈（譯註：放置佛具等物品的箱子）並攜帶水瓶。

役使前鬼、後鬼的修驗道之祖

役小角（生歿年分不詳）

有個傳說是役小角打算在葛城山的險峻山谷上搭座橋，因此召集一言主神（居住於奈良縣葛城山上的神明。據說有用一句話決定壞事或好事的力量）等鬼神們進行工程，但他們因為覺得自己長相醜陋，因此只願意在夜晚工作。小角雖然責備過他們，但後來小角發現其實只是一言主神和鬼神們一起偷懶罷了。憤怒的小角是用藤蔓把一言主神綁了起來丟到谷底，憤恨的一言主神就將自己的魂魄轉移到賀茂神社神官的身上。神官大聲喊著役小角是罪人，結果小角便被流放到伊豆去了。

役小角被認為是修驗道之祖，據說能夠驅使前鬼和後鬼等鬼神。在『續日本紀』當中提到小角住在葛城山，「經常役使鬼神，讓他們去汲水砍柴。如果鬼神不聽話，就會用咒文讓他們動彈不得」。其弟子韓國連廣足嫉妒師父的才能，因此向官方告發說小角「以妖術惑眾」，於是小角在文武天皇三年（西元六九九年）五月二十四日被流放到伊豆。

小角居住的葛城山原先居住著被稱為土蜘蛛※的「不服之民」，他們反抗神武天皇的統一，因此被用葛繩綑綁後殺死，由於這樣的傳說，從此該處便被稱為葛木。居住在此地的葛城氏與加茂氏一開始都反抗大和朝廷，但之後也逐漸轉變為支持朝廷的大家族。

因為小角是加茂氏一族的旁支，

修驗十六道具

肩箱
頭襟
斑蓋
笈
結袈裟
金剛杖
腳絆
八目草履

法螺
最多角念珠
檜扇
鈴懸
引敷
錫杖

柴打　刀，代表著不動明王的智劍

走繩　代表不動明王劍索的繩子。

全套的山伏裝備

目前進行修驗道的山伏會帶一套被稱為「修驗十六道具」的獨特裝備。分別是頭襟、鈴懸、結袈裟、最多角念珠、法螺、斑蓋、錫杖、笈、肩箱、金剛杖、引敷、腳絆、八目草履、檜扇、柴打、走繩，有時還會加上簠蕢扇。

鈴懸這種山伏服裝讓他們在那個沒有雨衣的時代裡也不容易被雨淋濕，同時也可以避免在山中行走時身體發寒，是功能性很高的服裝。

山伏修行

山伏的修行包含斷食、斷水、瀑布修行等五花八門的方式。幾乎都要在遠離俗世的山中進行，據說是要和自然融為一體、將其能量吸收到體內。尤其是在役小角修行的大峰山進行的荒行特別有名，將身體綁上繩子以後，請前輩拉住雙腳然後於懸崖邊探出上半身進行「西向窺視」，體驗接近死亡的感受以後就能夠重生。

大峰山現在也還能體驗「西向窺視」。修行之後要誦念「萬分感謝　西向窺視懺悔後宛若踏入西方淨土」。

大峰山山脈是位於奈良縣南部的山脈，為修驗者入山修行的靈地。目前有部分地區仍然限制女人不可進入。

因此和後來成為安倍晴明師父的賀茂忠行被認為在遙遠的過往是擁有相同祖先的同族人士。

修驗道在平安時代末期時出現、到了鎌倉室町時代得以確立。因此在平安時代以前，役小角和能夠使用妖術的陰陽師都被社會大眾認定是同一類人。

同時代的偉人
蘇我入鹿（？-645）

建立蘇我氏全盛期的蘇我馬子之孫，蘇我蝦夷之子。相當狂暴，曾經將廄戶皇子（聖德太子）之子山背大兄王逼到自殺。在六四五年七月十日因中大兄皇子和中臣鎌足發起的「乙巳之變」遭到殺害。

吉備真備

奈良時代的政治家兼學者。從大唐帶回陰陽曆道、天文漏刻、樂器和音樂書。被認為就是將所謂陰陽道帶進日本的人。在平安時代就已經被法師陰陽師們視為「神明」般的人物，也被認為是賀茂家的祖先。

西元七一七年至七三五年在大唐

在大唐之地化為鬼的阿倍仲麻呂

十二世紀初的民間傳說集「江談抄」卷三「吉備入唐間事」當中有這樣的傳說。以遣唐使身分前往大唐的吉備真備由於所有能力都非常優秀，因此受到當地人的嫉妒。結果他被關進了據說「有鬼棲息」的閣樓裡。晚上鬼真的跑了出來，卻表明自己是日本國遣唐使安倍（阿倍仲麻呂）。吉備對他死後還變成鬼一事相當同情，因此詳細告訴阿倍仲麻呂關於他的子孫安倍家的事情。鬼相當感謝而幫忙吉備真備，傳授他智慧。

在大唐學習陰陽道的大師
吉備真備（695-775）

吉備真備以遣唐使身分前往阿倍仲麻呂和玄昉留學的大唐，在十八年後終於學成、於天平七年（西元七三五年）歸國。在聖武天皇身邊以相當罕見的速度出人頭地，最後甚至高升至右大臣。

平安時代後期的歷史書『扶桑略記』以及民間傳說故事『江談抄』當中都提到吉備真備精通「三史五經、名刑算數、陰陽曆道、天文漏刻、漢音書道、秘術雜占」，認為他是一名甚至能以法術隱藏太陽或月亮的陰陽道大師。

當然實際上真備的確是一位精通廣泛學問、才高八斗的天才，但在他本人留給子孫的訓話書『私教類聚』當中提到，雖然「當懂筮占（也就是占卜）」、「意即理解五行說、曆之吉凶、方角神所在等乃是陰陽道的基本學問，卻也告知「深

偷走他人夢境的 吉備真備

　　年輕時的吉備真備是個幾乎不可能出人頭地、身分相當低的男人。有一次前往占夢之女處，正好有位穿著豪華服裝的國司家公子前來告知自己的夢，他的夢是成為一位大臣。但是在那位公子離開以後，真備卻拿錢給占夢之女，希望能夠將貴公子的夢給搶過來。真備照女人交代的，將公子的夢說得彷彿是他自己夢見的，之後果然真的當上了大臣（出自『宇治拾遺物語』）。

貴公子夢到成為大臣的夢

占夢之女

吉備真備

藤原廣嗣（ ?-740）

於大宰府舉兵卻遭到鎮壓、逃到備前國的值嘉島上依然遭到斬殺。『萬葉集』中有一首他的和歌：「此花一枝藏百言望勿粗暴以對之」（意思是：這一枝花當中／藏有許多要給你的話語／還請不要粗暴對待它）。

因朝廷討伐蝦夷而出名的武人大野東人的路線

藤原廣嗣的路線

板櫃川之戰 廣嗣軍與朝廷軍的戰鬥

大宰府

廣嗣之弟綱手的軍隊

廣嗣的部下多胡古麻呂的軍隊

以陰陽道之術 鎮壓惡靈

　　吉備真備和玄昉從大唐回來以後，受到右大臣橘諸兄提拔、成為他的智庫。但是藤原廣嗣因此感到不悅，被貶到太宰府的他送上奏章希望能除去那兩人。但在得到回覆之前他就起兵造反失敗、遭到斬首。或許是因此感到怨恨，在『今昔物語』裡廣嗣化為惡靈，附身在玄昉身上並殺了他，之後真備使用陰陽道的法術鎮壓廣嗣。

明陰陽之人易遭鬼妒」，警惕後人若是過於深入將無法安穩生活、一定會遭遇災禍。當然真備本人也精通陰陽道相關學問，相當認同其箇中效用。但站在儒者[1]的立場上，他也仿照孔子表明「子不語怪力亂神[2]」來警戒子孫。

同時代的偉人 道鏡（ ?-772）

由於醫治好女帝孝謙天皇（之後的稱德天皇）的疾病，因此受到寵愛而出人頭地的僧侶。據說宇佐八幡神下了神諭表示「應令道鏡為天皇」，但朝廷派了和氣清麻呂前往，因而發現是假的神諭。稱德天皇死後，道鏡也被流放到下野國。

※1　精通以孔子為始形成的中國傳統學問儒學的學者。
※2　「怪」是指奇怪的事情；「力」表示強而有力的東西；「亂」是違反道理的事物；「神」則指鬼神。
　　意思是說君子最好不要將奇怪的事情、不確定的事情掛在嘴邊。

奈良時代末至平安時代初期的陰陽師們

大津大浦（?－775）

和氣王（?-765）

舍人親王之孫，和大浦一起密告藤原仲麻呂的謀反，因此立功升上從三位。但和氣王自己的謀反企圖被察覺而遭到絞殺。

大津大浦

原是奈良時代的優秀陰陽師，但命運卻受到當下君王左右。原先與和氣王相當親近。後來罪名被赦免而回京成為陰陽頭。

藤原仲麻呂（惠美押勝）（706-764）

擁立淳仁天皇並將其作為傀儡。和那寵愛怪僧道鏡的孝謙上皇格格不入，因此謀反而遭到斬殺。此時討伐仲麻呂的軍隊中負責指揮的是陰陽師吉備真備（56頁）。

朋友 ← → 重用

左遷 密告仲麻呂謀反 謀反

計畫謀反

朝廷

活躍於奈良時代的陰陽師大津大浦，他的祖先是以僧侶身分前往新羅（位於朝鮮半島的國家）留學後還俗而成為陰陽師的大津意毘登，生長在代代繼承陰陽道技術的家庭。他獲得藤原不比等子孫藤原仲麻呂（惠美押勝）的信賴而受到重用。但是根據仲麻呂委託的占卜內容，大津發現仲麻呂有謀反之心，擔心自己萬一被牽連可就糟了，因此向朝廷密告此事。天平寶字八年（西元七六四年）仲麻呂果然依密告內容起兵謀反，大輔因此功績獲得朝廷賜予連姓中的宿禰姓，升官為從四位上兵部大輔兼美作守。

但喜悅無法長久。由於和他非常親近的和氣王策劃謀反，因此在神護景雲元年（西元七六七年），他的宿禰姓遭到剝奪、並且左遷為日向守。之後雖然獲赦得以回到京城，

58

被流放到隱岐（島根）的山上船主。

島後

隱岐諸島

島前

平安時代廢除了貴族的死刑，因此流放便是最重的刑責。在流放地點有沒有親近之人或援助者將使流放生活大不相同。

山上船主（生歿年不詳）

山上船主據說是『萬葉集』當中收錄其許多和歌的作者山上憶良的兒子，為活躍於奈良時代末期到平安時代初期的陰陽師。他由陰陽助一路升上陰陽頭，甚至同時兼任天文博士，但在天應二年（西元七八二年）由於被認為參與冰上川繼謀反未遂事件而遭到左遷，同時又因詛咒桓武天皇之罪名而被流放到隱岐。

弓削是雄（生歿年不詳）

與滋岳川人齊名的平安時代前期知名陰陽師。在『今昔物語』當中記載著，弓削是雄從東國回到京城的路上，為一位男性的夢境進行占卜，告訴他「你回家就會被殺」，但男人無論如何都想回家，因此弓削又告知對方「那麼你將弓前朝向家中的丑寅方向，說著要對方現身，那麼自然就會知道是誰想殺你」。男人照做了，於是逮到了在自己離家時與妻子私通、想要殺死自己的法師。

將弓前朝向家中的丑寅（東北）方向。

弓削是雄

身在陰陽寮時，依據董仲舒（82頁）的「天人感應論」上奏相關察祀、咒法等。也留下很多幫助他人的傳說。

同時代的偉人
空海（774-835）

延曆二十三年（西元八〇四年）與最澄及橘逸勢等人以遣唐使的身分前往大唐學習密教，兩年便將需要花費二十年學習的內容學成歸國，成為真言宗始祖。在高野山建立道場，於京城建立東寺，推廣東密。知名的「弘法大師」名號是醍醐天皇賜給他的諡號。

但能看出陰陽師的占卜能力雖會受到當下掌權者重用，但親近的掌權者若是失勢，經常也會受到波及、因此背上罪名。

正如吉備真備告誡子孫「勿精通陰陽之道」，陰陽師經常被利用來實現掌權之人的私欲，與此同時也伴隨自身毀滅的危險性。

春澄善繩（797-870）

出身伊勢國（三重縣）員弁郡的學者。天長十年（西元八三三年）在仁明天皇治下被拔擢為東宮學士，但於承和之變（西元八四二年）時由於皇太子廢立之亂而遭左遷為周防權守。不過隔年承和十年又以文章博士的身分回到中央。齊衡二年（西元八五五年）領受敕命編纂『續日本後紀』，貞觀十一年（西元八六九年）完成並呈上。

使用算木進行占卜的春澄善繩

算木
（41頁）

他對娶了嵯峨上皇之女為妻的藤原良房答道：「不可不信卜筮。」

春澄善繩是曾歷任文章博士和式部大輔的儒者，但他卻非常相信陰陽道的占卜與術數，甚至因為過於在意吉凶禁忌，還曾在一個月當中有十多天都為了物忌而閉門不出。平安初期的儒者大多認為災害及怪異之事乃為政治責任，但他卻為了解決問題而大量仰賴陰陽道式的祈禱和祭祀。

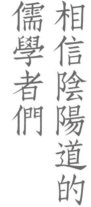

菅原是善（812-880）

平安前期的學者。清公之子，道真之父。承和二年（西元八三五年）成為文章得業生，於承和十二年（西元八四五年）被任命為文章博士。是編纂『日本文德天皇實錄』的一人。二十卷東宮切韻、十卷銀牓輪律、十卷集韻律詩、七十卷會分類聚等為他獨自撰寫，另外還留下十卷家集。

爭論儒教與陰陽道

相信陰陽道的儒學者們

桓武天皇第七子、接受兄長嵯峨天皇讓位而即位的淳和天皇留下遺言表示「若是打造山陵留下遺骸，恐遭鬼物憑依而成怨靈」。因此不要造墓，碎骨撒於山間」。

之後過世的嵯峨上皇也留下遺言交代「勿信卜筮」、「勿拘泥於俗事」而要求薄葬（簡單的葬禮）。平安初期的年代，認為各式各樣的災禍乃是由於神明或怨靈作祟的想法逐漸成為主流。但是從中國儒教思想的角度來看，這類災禍是警告施政者的失道。因此將儒教政治視為理想的淳和天皇與嵯峨天皇為了對抗此一風潮，才留下這種「不需要在意怨靈或者作祟這類事情」的遺言。

然而淳和天皇要求撒骨其實違反了嵯峨上皇的「勿信卜筮」。文章博士春澄善繩和大內記的菅原是善

觀看天象的三善清行

三善清行（847-918）

自從被判定不合格，他就經常與菅原道真的立場或意見相左。當右大臣道真和左大臣藤原時平對立之時，他還奉勸道真退休。擅長以儒學為基礎的天文和曆法推算的占卜。

因辛酉革命而改元

　　三善清行與春澄善繩同為文章博士，也對陰陽道的術數相當有興趣。因此他在接受國家最高考試「方略試」的時候當時的考官——純粹的儒者菅原道真給評為不合格。之後三善重考才得以及格，於昌泰四年（西元九〇一年）時表示讖緯說※當中提到當年為「辛酉革命」之年（辛酉之年會發生革命），因此應該改元。朝廷接受提議，改元為延喜。之後只要到了辛酉之年就會改元。

※古代中國成書的預言書。讖是未來的預言、緯是儒教經典的解釋。據說在推古朝以前就已經傳到日本。

陰陽師官僚增加

　　陰陽師是陰陽寮的官吏，原先只有固定的人數，只有另外分發一名前往大宰府。但自從朝廷認可災禍是神明或怨靈作祟以後，出羽國提出怪異之事甚多卻無占卜吉凶之人，因此也分發了一名陰陽師前往。之後接二連三派遣官僚陰陽師到武藏國、下總國、陸奧鎮守府、常陸國等地。

出羽國
山形縣與秋田縣大部分

武藏國
東京都、神奈川縣川崎市、橫濱市部分、埼玉縣大部分

陸奧國
福島縣、宮城縣、岩手縣、青森縣、秋田縣部分

常陸國
茨城縣

下總國
千葉縣北部和茨城縣部分

　　接受藤原良房（100頁）的諮詢時表示「不可不信卜筮，雖為上皇命令仍可改動」。

　　陰陽道占卜與國政，在那之後就建立起長達千年、無法切斷的緊密關係。

同時代的偉人
小野篁（802-852）

　　原先應該以遣唐副使身分前往大唐，卻稱病拒絕。還將自己的恨意寫在漢詩當中諷刺朝廷，激怒嵯峨天皇而被流放到隱岐。之後被赦回朝成為參議。世間雖相當重視其漢詩才能，但由於他的個性奔放不羈而被稱為「野狂」。

其實他們才是多數派

他們並非隸屬於陰陽寮的官僚陰陽師，也就是一般說的「非正規」陰陽師。在平安京的生活當中，他們並非什麼特別的人物。如果官僚陰陽師總人數只有二十幾名，那麼法師陰陽師應該會超過一百人吧。另外還有並不是法師，但是在民間專營咒術之事的「隱密陰陽師」大量活躍於平安時代。在『宇治拾遺物語』和『今昔物語集』當中也都有紀錄顯示貴族們會拜託那些「非正規」陰陽師咒殺敵手。他們可是那些內心懷抱恐懼或陰暗之人的好夥伴。

紙冠

打扮成私度僧樣貌的法師陰陽師

平安時代沒有國家的許可是不能成為僧侶的。成為僧侶之人將得以免除稅務，相對地就要幫國家工作。沒有國家許可就成為僧侶的人，可是違法的。而這些未經國家允許便自行出家之人就稱為「私度」，以「私度」方式成為僧侶之人就稱為「私度僧」。私度僧大多是想要逃避納稅義務的人，但也有人憑著陰陽師技術餬口。他們就是法師陰陽師。

上述記載乃參考繁田信一著作『陰陽師──安倍晴明與蘆屋道滿』（中央公論新社，2006）寫成。

有時是僧侶、有時又是陰陽師

法師陰陽師

原先在律令社會下的陰陽師，指的就是隸屬於陰陽寮的官僚。但是到了平安中期，律令制度已經崩壞，同時世間對於陰陽師的需求也與日俱增，光是靠官員陰陽師根本就無法負荷，因此便產生了「法師陰陽師」這樣的全新陰陽師。他們平常是僧侶的樣子，但能夠代替陰陽師進行占卜或祓事，在『百鍊抄』和『小記目錄』等書上也三不五時能看到公家貴族們雇用法師陰陽師詛咒他人的紀錄。

但在清少納言的『枕草子』中曾提到她「看了令人不舒服」的便是「法師陰陽師戴上紙冠進行祓事」；而紫式部的『紫式部集』當中也說到三月上巳之日前往河岸進行祓事，看見僧侶戴上紙冠模仿陰陽博士的樣子，特地寫下和歌「祓戶之神前 與祭壇前方置之 裝飾

62

紙冠

慶滋保胤（？-1002）

平安時代的文人，頗有漢詩文的才華。與比叡山的學僧及大學寮的學生一起建立了法會「勸學會」。目標在於融合文學與佛教之道。

前陰陽師家族
見法師陰陽師而感嘆

　　賀茂保憲之弟慶滋保胤捨棄家業陰陽道而走上佛教之路，因撰寫淨土信仰書籍『日本往生極樂記』而為人所知。保胤有一次見到頭上戴著紙冠進行祓事的僧侶，詢問對方「為何要做這種事情」，結果對方回答「為了活下去，實在沒辦法」。保胤則哭著告誡對方「既然成為佛教弟子，就不應該做出像是在拋棄自己宗教的行為」，並且將自己募集到的錢全部交給那位僧侶。（出自『宇治拾遺物語』）。

陰陽師派系之一，
唱聞師

　　到了中世紀，被稱為「散所」或「橫行」、隸屬於貴族和寺院的雜役也開始模仿陰陽師，最終演變為民間陰陽師中的「唱聞師」。所謂「唱聞師」是讀經、占卜或施行祓事、祈福祈壽、跳猿樂舞等，施行帶有咒術性質娛樂的藝人，但社會身分比法師陰陽師還要低。

鼓

才藏

太夫

扇

祈福祈壽在日文中是「千秋萬歲」，是當代「漫才」的一種。分別為穿戴烏帽帽子與直垂、又或者是素襖並拿著扇子的太夫，搭配綁著大黑頭巾且持鼓的才藏，兩人一組，在正月的時候表演祝賀話語及舞蹈。

性物品　似而不像實乃怪　還有頭上冠」責怪此事。可見為了因應世間的需求，所以法師陰陽師增加了，然而在世人眼中他們實在令人「看了覺得不舒服」、「看不過去」。

較量法術高下的道滿與晴明

蘆屋道滿

安倍晴明

晴明將十五顆橘子
變成了十五隻老鼠

安倍晴明的敵手

蘆屋道滿（生歿年分不詳）

在「安倍晴明物語」當中，道滿是個純粹的惡人角色。出身自播磨國印南郡的陰陽師蘆屋道滿由於較量法術時輸給晴明，因此成了他的弟子。天皇命令晴明前往大唐留學三年，晴明不在家的期間內，道滿與晴明的妻子有染、欺騙她之後拿到了晴明收藏的祕法書籍「金烏玉兔集」。晴明回國後，道滿使用那本書竟然成功殺死晴明。但是晴明在大唐拜的老師伯道上人遠渡重洋來到日本，使用「生活續命之法」讓晴明復活，之後也處決了道滿。

相對於正統派官僚陰陽師的英雄安倍晴明，蘆屋道滿作為反派也留下了許多傳說故事。神出鬼沒的法師陰陽師道滿相當富有人性，比賽輸了就甘心當晴明的弟子等故事都將他描寫成無法討厭的人物。淨琉璃及歌舞伎劇目「蘆屋道滿大內鑑」的結局，原先是壞人角色的道滿也成為正義的一方。

假名草子『安倍晴明物語』當中，蘆屋道滿與晴明在宮中的南庭進行比賽，內容是猜測長櫃裡面的東西，道滿回答了「橘子十五顆」其實是正確答案，但是晴明使用法術將橘子變成了老鼠，然後回答「老鼠十五隻」而大獲全勝，因此道滿便成了晴明的弟子。

至於『宇治拾遺物語』中，有位道摩法師在法成寺的入口埋下土器要詛咒藤原道長，因為安倍晴明放出式神而曝光了身分、結果被流放到播磨，這位道摩法師正是蘆屋道滿。其實法成寺建成的時候，晴明已經過世了，因此這是個架空創造的故事，但是蘆屋道滿與藤原道長受到詛咒的事情相關卻是事實。在惟宗允亮編撰的『政治要略』中記載，寬弘六年（西元一〇〇九年）僧人圓能詛咒道長、藤原彰子、後一條

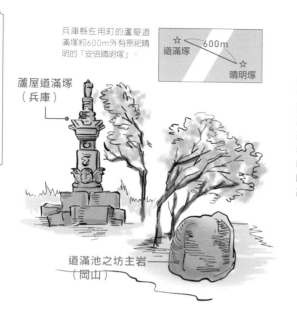

兵庫縣在用町的蘆屋道滿塚約600m外有祭祀晴明的「安倍晴明塚」。

600m
道滿塚
晴明塚

蘆屋道滿塚（兵庫）

道滿池之坊主岩（岡山）

播磨與陰陽師

蘆屋道滿的流放地播磨，是與陰陽道息息相關的土地，現在兵庫縣在用町也還留有「蘆屋道滿塚」，而岡山縣淺口市也有「蘆屋道滿之墓」、以及道滿占卜出將為村莊帶來災害而炸掉的「道滿池之坊主岩」等。另外，淺口市由於安倍晴明曾為播磨守，因此也留有「安倍晴明家宅遺跡」和「安倍晴明之墓」。

セーマン・ドーマン

陰陽道用來驅魔的星形五芒星被稱為「セーマン」（Seiman），據說是源自安倍晴明的名字，又被稱為「安倍晴明桔梗紋」；而五條橫線加上四條縱線的格子圖樣則被稱為「ドーマン」（Douman），據說由來是蘆屋道滿的名字。ドーマン又被稱為「九字」，根據中國葛洪的『抱朴子』一書中指出，這是入山時使用的咒文。日本修驗道的「九字護身法」※也是因此而生。

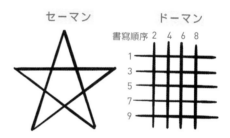

セーマン　　　　ドーマン

書寫順序 2　4　6　8

伊勢、志摩一帶，海女頭上綁的毛巾上描繪著セーマン・ドーマン圖樣。當地相信這樣能夠驅魔、同時保護海女不被海洋的危險性所危害。

同時代的偉人
藤原道綱母（？-995）

藤原倫寧的女兒、知名的美女，成為藤原兼家的妻子並生下道綱。但這段婚姻相當不幸，她的『蜻蛉日記』當中寫滿與兼家婚姻的痛苦，此作品也對紫式部的『源氏物語』產生相當大的影響。

天皇，並且此事與道滿有關。

道滿是侍奉藤原定子的高階光子所重用的法師陰陽師；另一方面，晴明則是被與定子抗衡的中宮彰子之父親藤原道長重用。或許是因為這個緣故，後世才會創作出道滿與晴明兩人為敵的故事。

※由「臨・兵・鬥・者・皆・陣・烈・在・前」九個文字組成的咒文。據說入山時此咒可以驅魔。

中原恒盛（生歿年分不詳）

進行招魂儀式的陰陽師

中原恒盛呼喚死去的嬉子之名

嬉子的衣服

嬉子大人
嬉子大人
嬉子大人

上東門院
東邊的屋頂

像這樣喚回死者的靈魂是不被
陰陽寮認可的。但若是人還
活著，卻因為生病而在生死
之間徘徊，就會事前採用
「招魂續魄祭」來喚回病人
的魂魄。

中原恒盛

11世紀前半的官僚陰陽師。他
當然無法使死者復活，因此受
到罰金懲處。為一名三等官
員，受封官職陰陽允。

萬壽二年（西元一〇二五年）藤原道長之女，東宮妃子嬉子罹患了赤斑瘡（麻疹），雖然為病所苦仍生下了皇子（日後的後冷泉天皇），然而卻不幸離世。藤原泰通察覺道長的不捨，因此拜託陰陽師中原恒盛施行「喚魂之法」（招魂）。

當時認為疾病造成意識不明時魂魄會離開肉體，因此經常為了還活著的人呼喚魂魄。但是陰陽寮的上司們表示「不可針對死者進行，此為違法」而不允許這種行為。但是儒者清原賴業※則主張中國的『禮記』當中也記載有先例，因此恒盛爬上了嬉子居住的上東門院東邊的屋頂，揮動嬉子的衣服、喊了三次她的名字。也就是說，他並沒有使用日本陰陽道基礎的祭祀或者祓事方法，而是以中國的方法進行「喚魂」。結果恒盛受到了責備，當然

黃泉之國
伊耶那美
伊耶那岐

這類「不可以見到真實樣貌」的神話體系，也常見於希臘神話等各種故事。

招魂①
「復甦」為「自黃泉歸來」

在日本的創世神話當中，打造出日本的伊耶那岐與伊耶那美是一對夫婦神明，但是妻子伊耶那美在生產火神迦具土的時候因嚴重燙傷而死。伊耶那岐為了使妻子復活而前往黃泉之國，卻打破了不可回頭看的禁忌，看見了妻子的樣貌，連忙從黃泉之國逃回來。由於這段『古事記』當中的「自黃泉歸來」的故事，因此死者在死後復活便被稱為「復甦」。〔譯註：日文當中「自黃泉歸來（黃泉帰る）」的發音為YOMI（黃泉）GAERU（歸來），為「復甦（蘇る）」（發音YOMIGAERU）的語源。〕

招魂②
西行法師製作人造人

西行是有名的歌人，但是根據『撰集抄』指出，他因為過於寂寞而收集荒野上的骨頭，做出了人造人。但是做出來的東西雖然會動、也能發出聲音，可是與人類有些相似卻又不太一樣，結果是失敗了。因此西行只好把他帶到遠離人煙的高野山深處之後拋棄他。

這個故事很像瑪麗，雪來的『科學怪人』。

現在一條戻橋的樣貌

據傳晴明的式神就藏在橋下（43頁）。

招魂③
讓父親復活的淨藏

僧侶靜藏是三善清行的兒子，聽聞父親死訊而從修行之地熊野連日趕回，在一條堀川的橋上伏棺號泣。結果三善清行竟然短暫醒轉，父子得以做最後的告別。後來這座橋便被稱為戻橋（出自『撰集抄』）。〔譯註：日文中「戻」字為回歸之意〕

嬉子也沒有復活。

中國道教的「招魂法」完全是為了讓死者復活而施行的，相較於此，日本的陰陽道中認為不可以喚回死者的靈魂，這點實在相當有趣。

同時代的偉人
藤原賴通（992-1074）

藤原道長的長男。歷經後朱雀天皇、後冷泉天皇之世，五十年間任職關白，同時也因為建造了被指定為世界遺產的宇治平等院鳳凰堂而留名於世。但送進皇室的女兒並未生下男孩，最終導致藤原氏衰退。

※清原賴業（1122-1189）為平安後期的儒學者。學習了儒教基本文獻『禮記』等，以及研究中國經書的學科書「明經道」且窮究其學問。死後被奉為車折明神。

賀茂忠行

安倍晴明之師 ——

（？－９６０？）

賀茂忠行

被稱為「此道中前不愧對古人、當代也無並肩之人」的陰陽師。天慶三年（西元九四○年）為了鎮壓平將門、藤原純友等人相繼謀反的「承平天慶之亂」，忠行奏請修行「白衣觀音法」。這是連當時密教僧侶都不知道的修行方法，因此令忠行獲得了名聲。

射覆，也就是透視盒子內的物品。

賀茂忠行發掘到幼年的安倍晴明的才能，將自己所有知識都傳授給他。

賀茂家族本身是以大和國葛城郡為根據地的豪族，祖先為吉備麻呂。這位吉備麻呂和遣唐使吉備真備經常被混淆，後來吉備真備也被人們流傳是陰陽道專家，因此賀茂家也開始刻意自詡是吉備真備的後代。

賀茂忠行被認為是「陰陽道這個領域前無古人後無來者的專家」，於公於私都受到重用。另外他也相當擅長猜測盒子內物品的「射覆」，曾經在醍醐天皇命令下進行射覆，完全說中箱子內的東西是「以紅色絲線串起來的水晶念珠」，獲得極

高讚賞（出自『今昔物語』）。忠行的評價雖然很高，卻沒有反應在官職上。後來以罕見的速度出人頭地的兒子賀茂保憲（69頁）曾說要將自己得到的五位官階贈送給六位的父親，便能看出此點。

大概也是在這個階段，陰陽寮之中原本各自獨立的天文、曆、占卜、漏刻四個部門也開始出現了消弭界線的傾向，因此忠行的弟子晴明才能由天文得業生（天文學成績優秀的特別學生）轉為陰陽師，然後又成了天文博士。

成為陰陽道規範的鬼才

賀茂保憲

窮究曆道，由太陽、月亮、星象打造出曆法『曆林』（十世紀前後）。『曆林』本身並未留存至今，『曆林問答集』則是加上Q&A形式註釋、排除迷信與風俗習慣、儒教道德等文字後重新編寫的作品，是在室町時代由陰陽師賀茂在方撰寫的。後作為陰陽寮學生教科書，一直傳承至今。

此圖是用來表現東漢科學家張衡所提倡的宇宙觀之一渾天說。天是雞蛋殼、大地位於蛋黃處，而天會以南北極為軸心旋轉。這是『曆林問答集』當中記載的天文知識。

安倍晴明之師 二 賀茂保憲（917-977）

　賀茂保憲是賀茂忠行的兒子，是被譽為「當今之世應以保憲作為陰陽道規範」的天才陰陽師（出自『左經記』）。

他在二十五歲時還只是個曆生，就領受朱雀天皇的「造曆宣旨」，奉命與曆博士大春日弘範一起造曆。之後擔任曆博士、陰陽頭、天文博士與陰陽寮要職而被稱為「三道博士」。順帶一提保憲乃是賀茂一族之中第一個成為陰陽頭的。天延二年（西元九七四年）由於其造曆有功而升官至從四位。在此之前，陰陽家官階最高的是奈良時代密告藤原仲麻呂謀反而升為正七位上的大津大浦（58頁），所以此次一口氣升上從

四位上，可說是相當驚人。

一般都說保憲將曆道傳給兒子光榮、天文道傳給弟子晴明，因此後來人們都認為賀茂家掌控曆道而安倍家掌控天文道，但從光榮之弟賀茂光國成為天文博士一事來看，保憲並無此意圖。

另外一般發生怪異之事或者生病時需要占卜、祓事等都會請陰陽寮的人來執行，但保憲離開陰陽寮以後，仍然有很多人委託他去做，因此後來成了慣例。安倍晴明離開陰陽寮成為主計權助和穀倉院別當的時候，也還是會為人施行占卜、祓事和反問。

被稱為晴明轉世的天才

被稱為指神子的晴明子孫

安倍泰親（1110-1183）

安倍泰親

安倍晴明直系後代陰陽師。窮究天文占卜之道，據說不曾出過錯。也預料到建禮門德子會生下兒子。將晴明神格化，主張自己的占卜之術乃是使用晴明直屬系統。晴明幾乎被視為半神的傳說，也可說是由於泰親的主張造成的。

上圖是浮世繪畫家歌川國芳描繪的泰親圖「阿部安近祈玉藻前」。一般認為降伏玉藻前的是泰親的兒子泰成。鳥羽法皇寵愛的嬪妃其實是金毛九尾妖狐玉藻前，卻由據說是「狐之子」晴明的子孫擊退，可說是相當諷刺。

由於兄長猝死，泰親在十五歲時便繼承了安倍家嫡系，二十歲時成了右京亮，之後又兼任雅樂頭和權陰陽博士，到了仁平三年（西元一一五三年）甚至還兼任權天文博士。『平家物語』當中提到他「天文知識淵博，屈指卜算有如掌中事。※不曾錯過一事，人稱指神子」，後文還提到落雷打到泰親的身上，也只燒了狩衣，而他本人平安無事。

另外，被平清盛幽禁在鳥羽殿的後白河法皇由於御所內有貂鼠走之怪事，因此請他占卜，泰親告知「三日內將有喜事及悲事」。之後法皇從鳥羽殿遷移到美福門院御所，確為喜事，但隨即發生第三皇子以仁王與源賴政為打倒平家而舉兵，卻在宇治遭到討滅的「悲事」。

70

晴明之下的安倍家族譜

到了安倍泰親的時代，已經衍生出許多由晴明一脈開展而出的安倍家，彼此互相競爭。

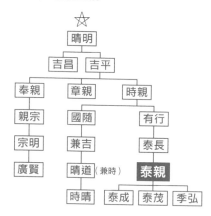

```
           ☆
          晴明
       ┌────┴────┐
      吉昌      吉平
    ┌───┐   ┌───┴───┐
   奉親   章親      時親
    │      │     ┌──┴──┐
   親宗   國隨         有行
    │      │           │
   宗明   兼吉         泰長
    │      │           │
   廣賢  晴道〈兼時〉  泰親
    │   ┌───┼───┐
   時晴 泰成 泰茂 季弘
```

泰親與家宅繼承爭奪

長承元年（西元一一三二年），安倍晴明的第五代子孫安倍泰親和安倍兼時（之後改名為晴道）針對安倍晴明屋宅遺跡的土地進行訴訟。兼時想把這塊地賣掉，但是泰親反對，表示「此處是為王宮貴族進行祭祀的庭院，不可以賣掉」，最後是泰親的說法獲得認同。

晴明屋宅遺跡位於京都市上京區，現在該處是京都布萊頓飯店。正確的屋宅原址在停車場一帶。

將陰陽道關係甚深的北斗七星化為龍的樣貌的「北斗龍」。

藤原師平

泰親提醒門外漢出手會遭逢不幸

官職做到權天文博士的泰親當然非常了解天文，一聽說藤原師平教導二條天皇星象之事，就責備「門外漢擅自做這種事情，會遭受責罰」。結果那夜師平就死了。當時認為沒有深入理解陰陽道之人若是觀測天文以占卜吉凶的話就會受到天罰。

此時安倍家屈居賀茂家之下，而泰親則指望能夠仰仗法皇和公家們的信賴重振安倍家。他的資本則是來自於每個月為天皇施行泰山府君祭（46頁），而法皇會賜予大量莊園給泰親作為祭祀費用，這些財產得以使安倍家再次復甦。

※窮究天文學根本，占卜完全說中。

律令體制的結構

日本的律令制當中制定了「二官八省」的官僚組織。「二官」是指掌控全國神官、負責祭祀的「神祇官」，而「太政官」之下有「中務省」、「式部省」、「治部省」、「民部省」、「兵部省」、「刑部省」、「大藏省」、「宮內省」這「八省」。

而當時最重要的工作就是將天皇的命令「詔」製作成文件，這是由「中務省」負責的。在「中務省」之下包含執行宮中雜務和值班的「大舍人」、製作書籍與紙張的「圖書寮」、管理御所內倉庫的「內藏寮」、負責女官人事和服裝縫紉的「內裁縫殿寮」、製作宮中器物以及建築的「內匠寮」等等。至於安倍晴明隸屬的「陰陽寮」也是「中務省」之下的組織。「中務省」之下原本還有「畫工司」、「內藥司」、「內禮司」等，但後來「畫工司」被合併到「內匠寮」當中；「內禮司」合併至「彈正台」；「內藥司」則合併至「典藥寮」。

「式部省」負責的是文官人事和大學寮；「治部省」負責外交；「民部省」負責的是稅務和財政；「兵部省」自然是軍事；「刑部省」處理司法和訴訟；「大藏省」負責朝廷的出納；「宮內省」則管理皇室的私人生活。

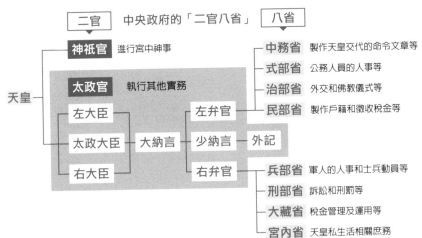

二官	中央政府的「二官八省」	八省	
		中務省	製作天皇交代的命令文章等
神祇官 進行宮中神事		式部省	公務人員的人事等
		治部省	外交和佛教儀式等
太政官 執行其他實務		民部省	製作戶籍和徵收稅金等
左大臣	左弁官		
太政大臣 — 大納言 — 少納言 — 外記		兵部省	軍人的人事和士兵動員等
右大臣	右弁官	刑部省	訴訟和刑罰等
		大藏省	稅金管理及運用等
		宮內省	天皇私生活相關庶務

天皇

陰陽道與陰陽師的歷史 I

陰陽道的根基是建立在起源
於中國的易和陰陽五行說。
這些概念大約是六世紀時被
帶到日本。本章便是追尋其
軌跡,來檢視日本是如何引
進陰陽道、牽動政治甚至產
生「陰陽師」這樣的存在。
本章也會介紹古代中國的思
想,讓大家能有更深一層的
理解。

六世紀的朝鮮半島

飛鳥時代（6～7世紀）

最初來自百濟

「日本書紀」當中描寫她「容姿秀麗端莊」。想必相當美麗。

推古天皇（554-628）

西元五九二～六二八年在位。額田部皇女。是記紀系譜上第一位女帝。據說外甥廄戶皇子負責攝政職務。建立了法隆寺等七座寺廟。

④ 加羅（4世紀～652年）

朝鮮半島南部的小國家群總稱。562年遭到新羅的真興王併吞。『日本書紀』中記載為任那。

① 高句麗（？～668）

傳說是由河神女兒所生的朱蒙所建的國家。廣開土大王碑相當有名。

② 新羅（4世紀半～935）

與百濟並列的三國之一，後來滅了另外兩國，統一朝鮮半島

③ 百濟（4世紀半～660）

與日本關係最密切的國家，但在660年被新羅和大唐的聯軍滅國。

陰陽道的基礎建立在起源於中國的易和陰陽五行說之上，而這些東西首次被帶到日本的紀錄是在繼體天皇七年（西元五一三年）。『日本書紀』中記載著「由百濟來了位五經博士段楊爾」，三年後又有「五經博士漢高安茂來與段楊爾交接」。之後欽明天皇十四年（西元五五三年）的時候，又有百濟使者來到日本，委請「醫博士、易博士、曆博士請採取輪班制交替，另外會送來卜書、曆書、各種藥物等」。第二年五經博士王柳貴來和固德馬丁安交接，然後百濟又派遣了易博士施德王道良和曆博士固德王保孫、醫博士奈率王有陵陀等人前來。因此日本在六世紀時並非由中國直接傳入陰陽五行說，而是經由朝鮮半島的百濟傳來的。之後在推古天皇十年（西元六○二

74

第四章 陰陽道與陰陽師的歷史 I

越往上越尊貴

德 大德 小德 紫

仁 大仁 小仁 木·青

禮 大禮 小禮 赤·火

信 大信 小信 黃·土

義 大義 小義 白·金

智 大智 小智 黑·水

順序和「五常」不同，而是依照「五行相生」的「木、火、土、金、水」的順序，顏色也對應五行色調的「青、赤、黃、白、黑」。順帶一提「德」需要「五行均備」因此放在最高處，但顏色定調為紫色，原因在於這是道教中最崇高的顏色。看來聖德太子（廄戶皇子）除了五行說以外也受到道教的影響。

聖德太子（廄戶皇子）的冠位十二階也受到陰陽五行說影響

百濟僧侶觀勒將各式各樣的學術書帶到日本，第二年聖德太子（廄戶皇子）便制定了「冠位十二階」，內容分為「大德、小德、大仁、小仁、大禮、小禮、大信、小信、大義、小義、大智、小智」。這是將儒教中的「五常」也就是「仁、義、禮、智、信」加上「德」，然後各分大小後訂出來的。

角髮 古代男性的束髮方式。奈良時代以後成為少年的髮型。是將頭髮由頭部中心分為左右兩半，在耳邊綁起來。

聖德太子（廄戶皇子）（574-622）

蘇我氏血統中第一位皇子。西元六〇〇年時送出討伐新羅的軍隊，也派出最初的遣隋使。六〇一年時一族遷居到斑鳩。飛鳥時代的推古天皇獲得了皇子和大臣蘇我馬子的支持。他於六〇三年制定冠位十二階，六〇四年制定了憲法十七條。

年）有百濟僧侶觀勒前來，「獻上曆書、天文、地理書、遁甲方術的書籍」，因此朝廷挑選三四名書生向他學習。玉陳學習曆法、大友村主高聰學習天文遁甲、山背臣日立則經開始有人學習陰陽道基礎的學問。

世界大事
伊斯蘭教的誕生

西元五七〇年前後，出生於阿拉伯麥加的穆罕默德由於受到神的啟示，因此開始推廣完全服從真主阿拉的宗教。六三二年穆罕默德過世的時候，「伊斯蘭教」已經在阿拉伯半島推廣開來。

建構此世界之物

表現陰與陽的太極圖

太極圖

陽動
陰靜

火　水
土
木　金

乾道成男
坤道成女

萬物化生

此圖表示太極生陰陽而成五行循環，天之道乾道生男、地之道坤道生女，萬物得以出生。

陰陽勾玉巴

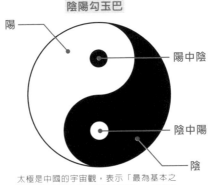

陽

陽中陰

陰中陽

陰

太極是中國的宇宙觀，表示「最為基本之物」，正式名稱是「陰陽太極圖」。用來表現「陰極生陽，陽極生陰」。在這張圖當中陰的部分裡面有陽，而陽的裡面也有陰。

左邊是中國北宋思想家周敦頤所寫的「太極圖說」當中解說的太極圖。「太極圖說」的文字大約只有兩百五十字，開頭是「無極而生太極，太極而生陽，動極而靜。靜極復動，一動一靜，互為其根；分陰分陽，兩儀立焉。」先說明宇宙萬物的形成與發展，最後則討論人類的存在方式。

古代中國認為世界上森羅萬象的一切事物都區分為「陰」與「陽」，也就是由陰陽兩個完全相反的元素構成的。比方說天為陽、地為陰；太陽為陽、月亮為陰；男為陽、女為陰；白為陽、黑為陰。

但是這兩者並非永遠固定對立，而是互相影響並循環的。也就是說陽到了極限就會變成陰、而陰若到極限也會轉為陽，會不斷循環下去。

把這樣的概念透過圖像來表現就是「太極圖」，此圖中陽最強的時候，白色當中有個黑點的陰；而陰最強的時候在黑色部分也有白色的陽，描繪出陽中有陰、陰中有陽的特殊樣貌。

但隨著世界變得越來越複雜，光靠陰陽二元論實在無法說明一切，

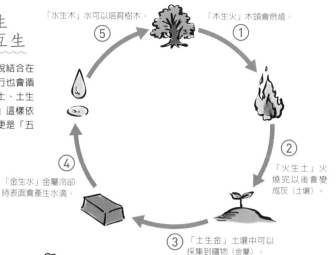

五行相生 表示循環互生

之後五星說和陰陽說結合在一起，因此推論出五行也會循環。「木生火、火生土、土生金、金生水、水生木」這樣依序生出另一個元素，便是「五行相生」。

「水生木」水可以培育樹木。⑤

「木生火」木頭會燃燒。①

「火生土」火燒完以後會變成灰（土壤）。②

「土生金」土壤中可以採集到礦物（金屬）。③

「金生水」金屬冷卻時表面會產生水滴。④

「木剋土」樹木會由土中奪取養分。①

「水剋火」水可以滅火。③

「火剋金」火能夠熔化金屬。④

「金剋木」金屬的斧頭能夠劈斷樹木。⑤

「土剋水」土能夠使水混濁、阻擋水流。②

五行相剋 （五行相勝） 則是互鬥而滅

相對於每個元素依序生出另一個元素是「五行相生」，另外還有「木剋土、土剋水、水剋火、火剋金、金剋木」這種五行分別毀滅另一個元素的「五行相剋（五行相勝）」。

因此又出現了「五行說」。這個思考方式又認為「水、火、木、金、土」這五個元素構成了世界，試圖藉由這五個基本要素來說明宇宙的一切。

世界大事 諸子百家

中國的春秋戰國時代林立各學派學說，包含信奉孔子教誨的儒家、信奉老子教誨的道家、信奉墨子教誨的墨家等，信奉韓非子教誨的法家、信奉墨子教誨的墨家等，便稱為「諸子百家」。作為日本陰陽道基礎的陰陽家也是「百家」之一。

八卦與易

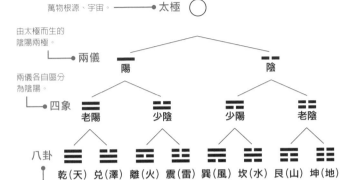

萬物根源、宇宙。 → **太極** ○

由太極而生的
陰陽兩極。 → **兩儀**

陽　　　　　陰

兩儀各自區分
為陰陽。

→ **四象**

老陽　　少陰　　少陽　　老陰

八卦

乾(天)　兌(澤)　離(火)　震(雷)　巽(風)　坎(水)　艮(山)　坤(地)

四象又各自加上陰陽
之後區分出來。

八卦是使用三組被稱為爻的記號組合而成的橫圖。搭配
陰爻和陽爻兩種圖案。除了自然以外，八卦還象徵著身
體、家族、方位，可使用筮竹來占卜。但是「卜卦或靈
或不靈」。

乾(天)　　　　坎(水)

離(火)　　　　坤(地)

中央的圓表示太
極。紅藍是陰陽、
四個卦象分別表示
「天地水火」。整
體代表調和及祈求
和平的意義。

太極旗

此為大韓民國的國旗「太極
旗」，表現出由太極生天地
萬物。太極圖周遭是乾、
坤、坎、離四卦。

除了陰陽五行說以外，陰陽道
的基本思考方式還有
「易」，這據說是由中國傳說中的
男性神明伏羲（80頁）所創作的「八
卦」而生。據說伏羲在黃河邊散步
的時候，河中忽然出現一匹龍馬。
伏羲由牠背上神祕的圖樣編寫出了
「河圖」（81頁），之後演變為八
卦。

八卦是由「乾、兌、離、震、
巽、坎、艮、坤」八項組成，陽中
之陽「乾」與陰中之陰「坤」中間
使用陰陽搭配出了六個要素，而這
些要素構成了宇宙。比方說乾為
天、坤為地、兌為澤、離為火、震
為雷、巽為風、坎為水、艮為山。

後來周文王將八卦疊在一起打造出
六十四卦，編寫出『周易』[1]，成
為儒教的重要經典之一，後來稱為
『易經』。

78

先天圖與後天圖

朱熹參考的是北宋邵雍所想出的「先天圖」和「後天圖」。邵雍的「先天圖」當中一切都是從屬陽的南方「乾」開始，依序增加陰的比例最後來到屬陰的北方「坤」，以此表現萬物自然生成的道理。相對於此，「後天圖」是人為配置易的順序和方位。占卜的時候會比較重視「後天圖」，但是朱熹較為重視「先天圖」。

朱子學當中較為重視的先天圖

伏羲觀看從黃河中躍出的龍馬背上圖樣所創造出來的就是「河圖」，邵雍則據此復原出這張圖。

用於占卜的後天圖

相對於映照天地打造出來的「先天圖」，周文王為了導出易卦而改良出這幅圖。

世界大事
殷周革命

殷商最後的君主紂王施行「酒池肉林」等極惡暴政，後來周武王在「牧野之戰」滅了紂王、建立周王朝。之後孔子所提倡的儒教，便是認為武王死後協助成王打理政治的周公旦的政治思維乃為其理想。

到了南宋，建立朱子學※2的朱熹將八卦區分開來，分為以伏羲「河圖」建立的「兩儀→四象→八卦」為基礎的「伏羲先天八卦（先天圖）」，以及建立在周文王道德觀之上的「文王後天八卦（後天圖）」。

※1　中國古代撰寫著使用占筮（採用筮竹這類細棍占卜的方法）方式的書籍。
※2　朱熹打造出來的全新儒學。採用理氣論說明一切現象，主要思想認為構成萬物的原料是「理」；而規範萬物存在的則是「氣」。同時認為「理」乃是人類本性，應該窮究其道理。

與陰陽說有關的古代中國眾神

規（陽）　**女媧**　**尺（陰）**

兩人交纏在一起，因此尺規也會一直交換方向，用來表現出陰陽循環。

伏羲

伏羲除了創造八卦（78頁）以外，還發明了漁網、教導人類狩獵及捕魚，還有如何用火烹調食物。

另外也有傳說是女媧用黃土捏出人類的形狀、打造出人類。

用來表現陰陽說的夫妻神。太古時代支撐天空的四支柱子斷裂導致大地崩裂，到處發生火災、洪水猛獸橫行。女媧因此熔化五色石去填補天空破裂之處。

由於具備五行中火的德性而成王，因此又被稱為炎帝。

神農

姿態上身體為人、頭為牛。除了藥草以外也教導人類農業、養蠶和商業。

蚩尤

中國地理書「山海經」中記載軍神蚩尤帶領風神和雨神，與傳說中的皇帝、黃帝作戰，但是軍隊被日照之神擊破。

中國傳說的神明當中雖然有能夠自由操控風雨的軍神蚩尤，但祂卻被黃帝殺了（出自「史記」），祂的血染紅了旗子，因此後來也會把紅旗稱為「蚩尤旗」。之後若是天空升起赤紅大氣的天文現象也被稱為「蚩尤旗」，日本在元曆二年（西元一一八五年）元旦時天空也一片通紅，安倍季弘見此便呈上天文密奏（14頁）表示「這是蚩尤旗」。

古代中國 中國流傳的傳說

個性豐富的眾神

正如同天與地、男與女，這個世界區分為陰與陽，最常用來表現這種中國陰陽說概念的，就是女媧與伏羲這對夫妻神。

女媧是修補受損大地的女神，而伏羲則是製作文字和八卦的男神，這兩位神明的上半身雖然是人類的樣貌，但下半身卻是蛇身。而且兩位神明通常被描繪成手上拿著規和尺，下半身的尾巴則是相互交纏在一起。這正是用來表現出規的圓（天、陽）與尺的方（地、陰）融合、男（陽）與女（陰）的融合，陰陽循環相合的太極圖正是如此。

這兩位神明加上嘗百草為人類調查有益藥草的神農合稱為「三皇」。三皇究竟是哪幾位是眾說紛紜，不過一般都將這三位加上傳說中的五位帝王：嚳、堯、舜、禹、湯這「五帝」合稱為「三皇五

80

河圖

白色用來表示陽、為陽數的奇數；黑色表示陰、為陰數的偶數。各自用來代表「八卦」的數字，但中央放了八卦上沒有的「5」。1、3、7、9是天之陽數表示天之氣；2、4、6、8是地之陰數為地之氣。整體就像太極圖那樣用來表現循環而生萬物。

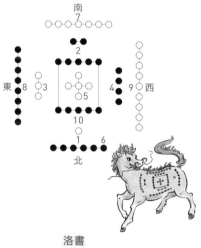

洛書

共通點是中央放「5」。1、3、7、9陽數各自代表北、東、西、南四方；2、4、6、8陰數則是西南、東南、西北、東北四角。將洛書的九個數字排成正方形，那麼縱、橫、斜線的總和都是「15」【表】。這在西洋被稱為魔法陣。古代中國人認為這九個數字是神祕之數，將此配置方法稱為「九星」（136頁）。

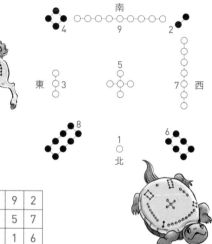

4	9	2
3	5	7
8	1	6

「河圖」、「洛書」

前面已經提到傳說中伏羲因為看到黃河中躍出一匹背上描繪著「河圖」的龍馬，因此創造了「八卦」，但是夏王朝創始者，也就是傳說中的帝王禹也有著類似的傳說故事。禹是成功治理那狂暴而令人畏懼的黃河之水的人，舜因為他的功績而將王位禪讓給他，但是禹在治理洛陽南邊的洛水時，河中躍出了一隻神龜，禹從他背上的圖樣創造出「洛書」。河圖和洛書都是後來易中八卦的起源，河圖對應到先天圖（79頁），洛書則對應到後天圖（79頁）。

使其附在劍上。

傳說中的神明和帝王能夠賜予力量

「五帝祭」（26頁），正是希望這些

時，賀茂保憲和安倍晴明舉行了

平安時代重新鑄造被燒掉的靈劍

帝」。（五帝也有多種說法）

災異是皇帝所做所為的結果

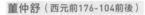

天帝為了告誡皇帝，因此引發自然界的災異	災異說（天人感應論的一種）思考方式	天帝（支配天地萬物的神明）之意志
↑		↓
皇帝違反上天意志施行惡政		以占卜解讀

皇帝（施政者）代理天帝之意施政

天人感應論認為天之氣象異動相關的天地變異或者自然吉兆等，都是感應了陰之人氣、也就是皇帝的行為。

災害是上天給予施政者的警告

古代中國 被納入儒教的陰陽五行說

董仲舒的天人感應論

董仲舒（西元前176-104前後）

中國西漢儒者。修習公羊春秋學、於景帝時成為博士。於武帝當政時上奏表示應斥退諸子百家，將儒教作為唯一正統思想，自此儒教便成為國教。可以說是由他訂立了中國兩千年來的官學方向。

五行也如同陰陽太極圖一樣循環」，提出這個「陰陽五行說」當中的「五行相剋」理論的，乃是四世紀的陰陽家鄒衍。在那之後，西漢的劉歆又提出「五行相生」，並且將其加上十干十二支搭配組合的「六十干支」，表示這些可說明世間的萬事萬物，也可以明白將來。

之後這種思考模式被帶入儒教當中，就連表示「不語怪力亂神」的儒教之祖孔子也沒有無視陰陽五行說。孔子理想中的聖人，也是必須能夠明白天道走向之人。

至於將儒教與陰陽五行說完全結合在一起的，則是侍奉西漢武帝的董仲舒。他的「天人感應論」將天與人結合在一起，若皇帝無德、施政錯誤，人民不滿將打亂陰陽五行的正常運作，接著天帝為了警告皇

司馬遷（西元前145-前86前後）

字子長，出身於現在的陝西省韓城。父親司馬談在死前將撰寫從古至今歷史之著作一事託付給司馬遷。西元前九九年，漢將軍李陵敗戰後遭匈奴俘虜，當時司馬遷身為太史，讚揚李陵武勇並為他求情，導致武帝大怒。

被處以宮刑（去勢之刑）幾年後出獄，花費一輩子時光完成『史記』共一百三十卷。

小人最好不要了解陰陽五行說

儒者們深知陰陽五行說在政治上的優勢，也掌握了其缺點。編撰『史記』的司馬遷之父司馬談就曾表示陰陽家之說的優點是「其序四時之大順（建立四季秩序）」，但也有缺點「大祥而眾忌諱，使人拘而多所畏（重視事物前兆而使人受到拘束且感畏懼）」。

鄒衍的五德終始說

陰陽家鄒衍將五行與王朝的德結合在一起，因此德若用完就會依照「五行相剋」的原理，出現下一個五行的王朝，此乃王朝交替之說。他同時提出五德終始說，根據他的理論，周王朝具備火德，而滅掉周王朝的秦則具有「能剋火」的水德。

具備木、火、土、金、水的王朝會不斷循環

鄒衍（西元前305-前240前後）

中國戰國時代的思想家，出身於現在的山東省。受到孟子的影響而提出陰陽五行說。提倡「大九州說」，認為當時的中國只是名為赤縣神州的小州，只有世界的八十一分之一。

帝就會引發災害，此舉成功提高了儒教的神祕性。因此歷代皇帝都會觀測天象、先行了解陰陽五行的運作，並且傾力於了解未來吉凶。

世界大事
凱撒暗殺事件

羅馬的尤利烏斯·凱撒遠征高盧、埃及等地連戰連勝，掌握極大權力。布魯圖等人因為萌生了危機感而暗殺他，當時凱撒所說的「布魯圖，就連你也這樣！」也成為歷史名句。

僧侶旻與中大兄皇子

飛鳥時代（6～7世紀）

中大兄皇子與中臣鎌足的相遇改變了時代

中大兄皇子（626-671）
日後的天智天皇

中臣鎌足（614-669）
日後的藤原鎌足

鞋

鞠

旻（?-653）
回國後便於佛教界確立了指導地位。與高向玄理一起成為國博士，提出政策草案。

豪族之子中臣鎌足由於不信任蘇我氏，因此希望能夠與有著相同想法的中大兄皇子有較為密切的往來。在『日本書紀』中有兩人相遇的知名故事。皇極三年（西元六四四年）飛鳥寺的蹴鞠會上，皇子因為過於熱中踢球，一個用力過猛就連鞋子也踢了出去。據說當時撿回鞋子還皇子的就是鎌足。

推古朝相當積極取得曆道、天文、地理書、遁甲方術等當時最新知識，因此不透過百濟、而是直接派遣使者和學生親自前往中國（一開始是隋朝，西元六一八年改朝換代為唐朝）學習，他們就被稱為遣隋使、遣唐使。

僧侶旻是跟隨小野妹子為首的遣隋船，於推古天皇十六年（西元六〇八年）抵達大隋，二十四年後於舒明天皇四年（西元六三二年）自大唐回到日本。

舒明天皇九年（西元六三七年）時有巨大的光球自東邊天空劃向西邊天空，還發出轟隆如雷的聲響，僧侶旻表示根據『史記·天文書※1』之記載，「此乃天狗，其聲似雷」，以此展現了其最新知識。接著在兩年後天空又出現掃帚星，他也根據唐朝『天文要錄※2』，回答

旻與遣隋使

與僧呂旻一同前往隋國的小野妹子據說拿了一封國書交給隋煬帝，上面寫著「日出處天子致日落處天子，祝無恙，如此這般」。一般認為這封國書是聖德太子（廏戶皇子）送出的，但記載此事的『隋書』上卻沒有寄件人的名字，而且是使者帶來的信件，也無法確定是否為小野妹子。

遣隋使路線

長安

難波津

遣隋使在中國和日本的紀錄有所差異，不過應該是派遣了三或四次。

小野妹子（生歿年不詳）

七世紀前半的豪族。日本最初的遣隋使。西元六〇九年回國後便沒有後續記載。

火流星發出妖怪喊叫聲

二〇二〇年七月二日，關東上空有巨大光球飛過，同時社群軟體上到處都引發了「聽見了像是爆炸的聲音」之類的騷動。這就是僧呂旻說的「天狗」，現代稱為「火流星」。有如雷鳴的爆炸聲是火流星發出的音爆聲響。

火流星是小行星碎片等東西進入大氣層後燃燒殆盡而發光的現象。

天狗

中國地理書『山海經』當中描繪的天狗。據說「其狀如狸而白首」。

世界大事
貞觀之治

大唐滅隋建國，其二代皇帝李世民（太宗）強化中央集權、整備律令制度，並且發展出科舉等人才錄用制度。由於一般認為李世民所治理的時代是「理想」的樣貌，因此衍生出「貞觀之治」這個詞彙。

「此乃彗星，是饑饉的預兆」。

由於旻具備最新的天文知識，因此中大兄皇子（日後的天智天皇）和中臣鎌足（藤原鎌足。藤原氏之祖）也向他求教『周易』等，相當信賴他。大化改新時旻便就任國博士，成為他們的智庫。

造成知識分子大量湧入的白村江之戰

大唐陸軍

高句麗（668年滅亡）

（660年滅亡）

百濟

新羅（676年半島統一）

大唐水軍

新羅軍隊

X 白村江

難波津

日本軍隊

第一次打造漏刻

天智天皇（626-671）

七世紀的天皇。與中臣鎌足於西元六四五年
打倒蘇我蝦夷、入鹿父子，樹立了新政權。
修改世襲官制並推動大化革新。

西元六六三年八月，韓國西南部的白村江下游爆發了大唐與新羅軍對上百濟與日本軍的戰爭。六六○年時大唐新羅聯合軍攻破百濟。以鬼室福信為中心的百濟復興軍將王子豐璋從日本喚回、擁立他成為王，卻是白費力氣。在白村江河口之戰，百濟與日本的軍隊被新羅軍打敗。結果復興百濟的大業就此消滅。日本則以大宰府為中心建築了許多山城、設置防人等制度以強化對外防禦。

天智天皇從即位前就向昱學習『周易』等，相當熱中於引進中國最新技術，他打造了日本第一間學校（之後的大學）以及漏刻（水鐘），是第一個使用敲響鐘鼓來告知大家時刻的人。

能夠實現這些事情，背景就在於當時有大量知識分子從朝鮮半島亡命而來，因此集合了許多能夠運用高度技術的人才。齊明天皇六年（西元六六○年）滅國的百濟，在天智天皇二年（西元六六三年）時在日本協助下依然於白江村戰敗，復國的希望就此消滅。五年後高句麗也滅國，因此當中的百濟人和高句麗人便一舉從朝鮮半島逃到了日本。而亡命者當中有許多醫學、五經、陰陽術數等專家。天智天皇十年（西元六七一年）時，曾留下授予官位給六十多名百濟貴族的紀錄也成

86

天智天皇打造的水鐘

　　奈良縣明日香村挖掘出的水落遺跡是天智天皇打造的漏刻與其附屬設施。中央有用天然岩石打造的正方形基座，當中擺放著應該是漏刻的漆木箱。箱裡也發現了用來集水的渠道和銅管。

漏刻的結構

　　漏刻就是水鐘。排列四個緩緩下降的水槽，從上面放流定量的水。最後的水槽垂直擺放著有刻度的木箭，根據裡面裝了多少水、浮起來的箭刻度在哪裡，就會知道當下的時間。但是冬季的時候水可能會結凍，因此測量起來非常辛苦。

應該是藉由敲鐘告知大家時刻

唐朝呂才將其化為實際可用物品的四段式漏刻，利用的是虹吸原理。

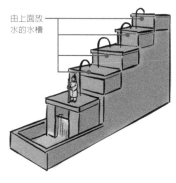

由上面放水的水槽

　　為這段經過的背書。順帶一提天智天皇因為在皇子時代（中大兄皇子）暗殺蘇我入鹿引發乙巳之變、之後又實施大化革新，因此聞名後世，而「大化」也是日本第一個年號，可見天智天皇非常熱中於引進大陸文化。

天武天皇打造占星台

天武天皇建造了陰陽寮以及日本第一座占星台。占星台雖然沒有留存至今，但是在新羅時代王城之地，也就是韓國慶州還留有名為瞻星台的遺跡。地基部分約為直徑5m、高度為9m，是相當巨大的塔。

9m

5m

天武天皇（？-686）

第四十代天皇。他與額田王的愛、以及與兄長天智天皇爭奪額田王的故事成為許多傳承的背景。天武天皇擅長的占術「遁甲」又叫「奇門遁甲」，據說是在中國傳說中的帝王堯、舜時代擔任宰相的風后所創立的。這種占術原先是一種兵法，或許長於此道的天武天皇能在壬申之亂中取得勝利也是理所當然。

官僚陰陽師誕生

飛鳥時代（7世紀）

天武天皇乃是天智天皇的弟弟，在天智死後與他的兒子大友皇子爆發了「壬申之亂」，最後獲得勝利，即位成為天武天皇。

據說他年輕時便「精通天文與遁甲（一種占卜術）」。在「壬申之亂」時也曾在從吉野前往伊勢的途中看到長約十餘丈的黑雲覆天，便使用式（占卜工具。可能是指式盤）來占卜，得到了「天下將一分為二，但最後自己可以取得天下」的結果，後來果然取得了勝利。

由於他非常精通天文及占卜，因此即位後立刻活用在政治上也是理所當然。『日本書紀』中記載天武天皇四年（西元六七五年），陰陽寮協同大學寮的諸學生及外藥寮 ※一同獻上藥物及珍寶，這是第一次出現陰陽寮的紀錄，表示陰陽師是在天武朝成為官僚的。另外同年還記

陰陽寮場所

陰陽寮是隸屬中務省之下的組織，位處平安京內大內裏東南區。中務省的規模是東西向五十七丈（約一百七十公尺）、南北向三十七丈（約一百一十公尺），中務省正廳北邊設有屬於文官的內舍人、負責出納的監物、管理驛及傳符印章的鈴鎰，陰陽寮就在中務省正廳東邊、鈴鎰的南邊。

陰陽寮除了正廳以外，因為還要進行天文觀測，所以另外還設有天文台和漏刻，也有通報時間的鐘樓和鼓樓。清少納言在『枕草子』當中提到女房們登上陰陽寮的鼓樓，覺得「非常不安」。

平安京俯瞰圖

飛鳥宮已經消失，也沒有留下那個時代關於陰陽寮的紀錄。這裡採用平安京（西元七九四～一八六九年的首都）中的陰陽寮來解說。

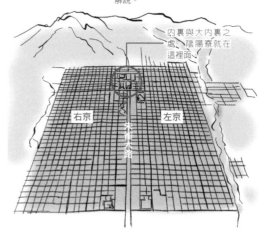

內裏與大內裏之處、陰陽寮就在這裡面

右京　左京

天武朝認為「朱」代表祥瑞、非常重視。由於傳說漢高祖劉邦標榜漢朝具備火德……也就是紅色的國家，因此據說天武天皇也是藉此將自己比作劉邦。

朱鳥

復活的年號

日本第一個年號是「大化」，這是由於中大兄皇子非常熱中於引進中國文化，但在接續的「白雉」之後，這個習慣並沒有固定下來、也就中斷了。後來讓年號復活的便是天武天皇，他在死前定下年號「朱鳥」。由於赤色對於天武天皇來說是吉祥兆頭，當時生病的他或許是希望能夠用年號的力量讓自己痊癒吧。但是他的願望沒有實現，在朱鳥元年九月九日便駕崩。

載「第一次建造占星台」，從這裡也能理解到天武天皇已正式將天文觀測納入國家事業。

奈良縣明日香村的高松塚古墳和龜虎古墳都是在七世紀末至八世紀初建造的，當中還描繪有正確的星宿圖及天文圖，可見在天武朝以後，天文觀測相關的知識也已經在貴族間流傳開來。

世界大事
武則天即位

雖然原先是唐太宗後宮裡的人，但受到太宗兒子高宗的寵愛而成了皇后。高宗死後的天授元年（西元六九〇年）即位成為中國唯一的女帝。但在十五年後由於大唐復活的時機來臨而退位。

重視天文與曆法的中國、重視占卜的日本

中國與日本之比較（8世紀以後）

唐朝太卜署、太史局VS日本的陰陽寮

探究天文與曆法是最重要的

用占卜來決定國政吧

唐朝的組織制度區分為上級機關六省、實際處理政務的下屬機關九寺及五監。六省是尚書省、中書省、門下省、秘書省、殿中省、內侍省，而秘書省之下有經手天文及曆法的太史局。另一方面九寺是指太常寺、光祿寺、衛尉寺、太僕寺、大理寺、鴻臚寺、宗正寺、司農寺、大府寺。負責處理占卜的太卜署，則是在負責禮樂及祭祀的太常寺之下。

日本的大寶律令[※1]雖然是模仿唐朝制度而來，但是置於中務省[※2]之下的陰陽寮要管轄陰陽（占卜）、天文、曆法、漏刻（時鐘）四個部門，和唐制並不相同。

唐制下天文、曆法與漏刻是由秘書省下的太史局掌管；占卜則是由太常寺下的太卜署負責，兩者是完全不同的組織。而且其內部人員方面，相較於太卜署大約是九十人，太史局的職員有將近千人，從規模上就可以了解唐朝壓倒性地重視天文、曆法及漏刻。

相對地，日本的陰陽寮中占卜部門有四十五人、曆法部門十一人、天文部門十一人、漏刻部門二十二人，顯然更加重視占卜。更何況掌管四個部門的行政單位叫「陰陽寮」，用的是占卜之術「陰陽」來命名，也是相當顯而易見了。陰陽

90

日本與大唐的比較圖

日本的律令制首先區分為負責祭祀的神祇官和負責政務的太政官，而太政官之下有八省。為天皇製作詔令的中務省位居最重要的位置，陰陽寮則是隸屬中務省之下的部門。

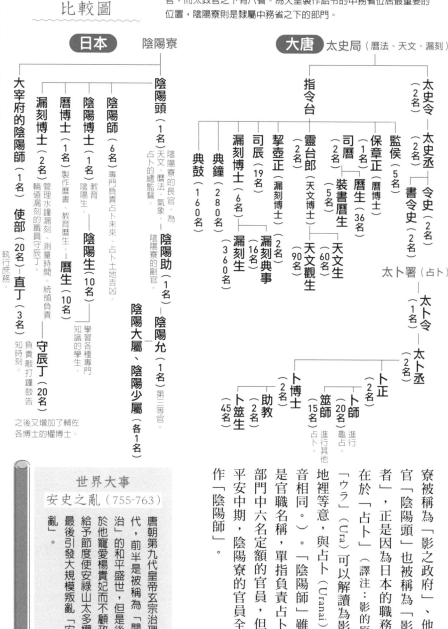

日本 陰陽寮

- 陰陽頭（1名）陰陽寮的長官，為占卜的總監督。
  - 陰陽助（1名）陰陽寮的副官。
  - 陰陽允（1名）第三等官。
  - 陰陽大屬、陰陽少屬（各1名）
- 陰陽師（6名）專門負責占卜未來、占卜土地吉凶。
- 陰陽博士（1名）教育陰陽生。
  - 陰陽生（10名）學習各種專門知識的學生。
- 曆博士（1名）製作曆書、教育曆生。
  - 曆生（10名）
- 漏刻博士（2名）管理水鐘漏刻、測量時間。統領負責知時丁。
  - 守辰丁（20名）負責敲打鐘鼓告知時刻。知時刻。
- 大宰府的陰陽師（1名）　使部（20名）・直丁（3名）執行庶務。

之後又增加了輔佐各博士的權博士。

大唐 太史局（曆法、天文、漏刻）

- 太史令（2名）
- 太史丞（2名）
  - 令史（2名）
  - 書令史（2名）
- 指令台
  - 監候（5名）
  - 保章正（1名）曆博士
  - 司曆（2名）曆生（36名）裝書曆生（5名）
  - 靈台郎（2名）天文博士（60名）天文生（90名）天文觀生（90名）
  - 挈壺正（2名）漏刻典事（2名）漏刻典事（16名）
  - 司辰（19名）
  - 漏刻博士（6名）漏刻生（360名）
  - 典鐘（280名）
  - 典鼓（160名）

太卜署（占卜）

- 太卜令（1名）
- 太卜丞（2名）
  - 卜正（2名）
  - 卜師（20名）進行龜占。
  - 卜博士（2名）
  - 助教（2名）
  - 卜筮生（45名）
  - 筮師（15名）進行其他占卜。

寮被稱為「影之政府」、他們的長官「陰陽頭」也被稱為「影子領導者」，正是因為日本的職務中心就在於「占卜」（譯注：影的原文發音「ウラ」(Ura) 可以解讀為影子、背地裡等意，與占卜 (Uranai) 開頭發音相同。）。「陰陽師」雖然原先是官職名稱，單指負責占卜的陰陽部門中六名定額的官員，但是到了平安中期，陰陽寮的官員全都被叫作「陰陽師」。

世界大事

安史之亂（755-763）

唐朝第九代皇帝玄宗治理的時代，前半是被稱為「開元之治」的和平盛世，但是後半由於他寵愛楊貴妃而不顧政事，給予節度使安祿山太多權力，最後引發大規模叛亂「安史之亂」。

※1 日本古代的法典。記載刑罰的律在西元七〇二年施行、行政法的令則於七〇一年施行。
※2 就近服侍天皇、負責敕命起草並對外發表的部門。

好過份！

僧尼令

此舉是為了讓僧侶離開陰陽道，但就結果來說並不理想，反而加深了僧侶與陰陽道的關係。

飛鳥時代（8世紀）

禁止僧侶進行占卜

「僧尼令」是大寶‧養老令當中的一部分，總共有二十七條。「取童子條」宣告雖然可以雇用少年來照顧自己的生活起居，但年滿十七歲之後就必須讓他回故鄉。另外還有些條例是寺廟僧房中若讓婦女住宿、或者尼姑房中讓男子留宿就必須處以刑罰等，有許多針對僧侶的行動規範細節。

到了精通陰陽道的天武天皇時代，『日本書紀』當中也開始較為頻繁地記錄天地異變和陰陽師相地（10頁）。但是這時候大為活躍的陰陽師幾乎都是僧侶，而且還是來自百濟或高句麗的逃難者。陰陽師必須學習的天文、相地以及各式各樣的占卜技術，都是當時最先進的知識，沒有基礎學問的話，要學習這些都相當困難。但是當時的僧侶並不被允許娶妻，不管他們本人有多麼優秀，一旦死了，他保有的知識也將斷絕。

因此文武天皇在大寶元年（西元七○一年）時下達「僧尼令」，禁止僧侶「觀玄象（天象）」後提出災禍吉祥之說」以及「占卜吉凶」。同時在招募陰陽寮學生的條件方面也提到「首先錄用占卜家及其承襲者，之後選擇平民中十三歲以上、十六歲

92

陰陽官僚名家・大津氏

　　奈良時代由於密奏藤原仲麻呂之亂而出人頭地的大津大浦（50頁）所屬的大津氏，是非常有名的陰陽師一族。該族人士還有於和同七年（西元七一四年）還俗之後晉升到陰陽頭一職的前僧侶義法（大津意毘登）、以及因為占卜獲得褒獎的陰陽允大津海成等人。

大津意毘登　　　　大津海成

大津大浦一族也是代代出仕陰陽寮官員的家族

有趣的「僧尼令」範例

①僧尼若觀測天象並口出吉祥或災禍之言、談論國家、蠱惑庶民、習讀兵法之書、殺人、強姦、偽稱得聖道，依法律可交由官員判刑。

②尼姑若占卜吉凶、祈禱治病，則使其還俗。

③僧尼學習音樂、參與賭博之事，罰百日苦役。棋琴不在此限。

讓僧侶們還俗成為陰陽師

　　施行大寶律令僧尼令的那年，原先是陰陽寮官員的僧侶惠耀、信成、東樓三人被命令還俗，恢復為原先的名字角兄麻呂、高金藏、王中文，兩年後又讓曆法計算能力優秀的僧侶隆觀還俗。國家除了想分開陰陽道與僧侶以外，也想辦法讓擁有陰陽道知識的僧侶還俗、編進陰陽寮當中。

僧侶陰陽師詠唱的句子

天探女

岩船

角兄麻呂在有四首和歌被收錄在『萬葉集』當中，被認為和角兄麻呂是同一人。最有名的和歌是「久方乃 天之探女之 石船乃 泊師高津者 淺爾家留香裳」（萬葉集編號292）。意思是「天探女（古事記中的女神）搭乘的岩船原先停泊在曁大且深的高津之地，如今已成淺灘」。

以下聰明伶俐者」。

擁有陰陽道知識的僧侶們利用其知識擅自占卜，會對施政者造成威脅，因此這條禁止令是為了讓國家獨佔陰陽道。另外陰陽寮的官僚優先採用世襲已學過相關知識的人，也是因為他們學起陰陽道會比較容易。

曾是最尖端科學技術團體

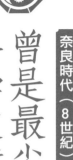

陰陽師與咒禁師最後結合為一

施行咒術的典藥寮咒禁師

咒禁道逐漸被廢除、吸收到陰陽道之中。在十世紀初期左右「咒禁師」便消失了，其負責工作由陰陽寮吸收合併

＋

初期陰陽師是經手最新科學技術（包含占卜之術）的集團

＝

吸收「咒禁道」後，陰陽師也逐漸負責咒術

典藥寮是律令制當中根據醫疾令制定的機關、隸屬宮內省。是掌管醫療、負責醫師培育及調製藥劑的部門。隸屬此部門的醫療技術人員有醫師10人、針師5人、按摩師2人，以及「咒禁師」2人。也就是使用咒術來消除災禍之人。2人當中比較優秀者為咒禁博士，負責教育學生。「咒禁道」是日本自古即有的概念，再加上當時的陰陽五行背景思想誕生的咒法。與役小角有師徒關係的韓國廣足就是咒禁師，甚至高升到位列長官的典藥頭

由於大寶律令，陰陽師們成為陰陽寮的官員，也就是國家官僚，一年必須出勤二百四十天以上。但是根據『正倉院文書』的斷簡殘篇※記載指出，精通天文、算術、相地、占卜（太一、遁甲、六壬式）的陰陽師高金藏一年出勤三百零九日；可通周易、算術、相地、占卜（楪筮、太一、遁甲、六壬式）的陰陽博士角兄麻呂一年出勤兩百八十天；天文、算術、相地、占卜（太一、遁甲、六壬式）頗為優秀的天文博士王中文則出勤兩百七十天，顯然出勤天數都比一般來得高。從飛鳥時代後半到奈良時代，官僚陰陽師的需求相當高，可以看出他們的生活非常忙碌。

但是奈良時代的陰陽師記述當中，幾乎沒有出現咒禁、祓事、祭祀相關的事情。這並不是因為奈良

94

平城京挖掘出人偶

典藥寮的咒禁師們為了治療疾病，會使用薄木片做成的人偶。平城京的內裏東側有個大型下水道，考古時從該處挖掘出上面書寫著「左眼有個病　今天」的人偶，可知有個在內裏工作的公務員左眼生病以後，典藥寮的咒禁師使用人偶轉移他的疾病、為他治病。

人偶也會用來詛咒他人，但也被用在當成替身來轉移罪惡或穢氣，藉此治療疾病。

天文生的教科書

史記・天官書
收錄於司馬遷『史記』中與天文有關的文書及圖片。廣泛記錄太陽、星象、氣候異常及占星等內容。

漢書・天文志
由班固、班昭所撰寫的『漢書』裡收錄的天文相關紀錄。也書寫了對災害的解釋，但未完成。

晉書・天文志
收錄於房玄齡、李延壽等人編撰的『晉書』，天文志共有上中下三卷。

三家簿讚
中國的石氏、甘氏、巫咸三家的資料。將星座以紅、黑、黃色區分、圖像化的星象圖文本。現存有若杉家文書。

韓楊要集
韓楊編撰的『天文要集』。是天文生應學習的基本教科書。

陰陽寮的教科書

天平寶字元年（西元七五七年），確立了陰陽寮中的官僚必須學習的文本。根據規定，學習占術的陰陽生必須學習『周易』、『新撰陰陽書』、『黃帝金匱』、『五行大義』；學習天文的天文生則需要研讀『史記・天官書』、『漢書・天文志』、『晉書・天文志』、『三家簿讚』、『韓楊耀集』。

陰陽生教科書

周易
據說為周文王撰寫成書，是使用易來進行占卜的文本。上面書寫了將八卦疊合在一起打造出的六十四卦解釋。

新撰陰陽書
成書年分與作者皆不詳。書寫了陰陽師所需的各種占卜知識。

黃帝金匱
成書年分與作者皆不詳。原先是道教的文獻，全書由黃帝教誨「金匱」以及「玉衡」兩大章構成。

五行大義
由隋朝蕭吉編寫的書籍，集合古今陰陽五行說的集大成作品。在中國很快就佚失了，僅有日本留存本書。

時代沒有做這些事情，而是由於當時負責祓事或者祭祀的，應該是神祇官或者典藥寮的咒禁師。奈良時代的陰陽寮，在當時應該只是負責處理最新科學技術的集團。但是到了平安時代，這些經由神祇官進行的祭祀和典藥寮負責的咒法，全部逐漸被陰陽師進行的祓事、祭祀、反閇和身固等取而代之。

山海經

平安末期。源賴政受到平清盛信賴並且官位升至從三位，同時他也因為擊退在近衛天皇御所中作亂的「鵺」而成為知名武將。「鵺」是一種頭為猿猴、身體為狸、手腳為虎、尾巴為蛇的異形妖怪。這實在是令人害怕的生物，不過中國的『山海經』裡面就介紹了許多擁有不可思議樣貌的異形生物。『山海經』是收錄古代中國各地動植物及礦物等內容的書籍，也被認為是最古老的地理書誌，但這和現在我們所知的地理書並不相同，尤其是裡面關於人和動物的介紹簡直是妖怪大遊行。

比方說有著鳥頭與蛇尾的「旋龜」這種黑色的烏龜；一種帶麟但為牛形且長了翅膀的「鯥」這種魚；背上有眼睛、耳朵有四個、尾巴有九條的「猙池」是一種長的像羊的生物；另外還有「赤鱬」這種有著人臉、類似人面魚的魚類等等，從頭到尾都在介紹這些感覺是只有神話或者故事當中才會出現的奇妙生物。

除了受到『山海經』影響而有所謂的「饕餮」、「混沌」、「檮杌」、「窮奇」這「四凶」以外，古代中國相傳還存在非常多樣貌奇妙的生物，這些可能也對日本的妖怪、怪物、百鬼夜行這類概念產生影響。

饕餮
身體為牛或羊、臉是人類、一口虎牙、什麼都吃的猛獸，但後來被認為會「吃魔物」因此成為驅魔的存在，殷朝及周朝的青銅器花紋上經常描繪饕餮。

混沌
一般描繪牠長著像狗一樣的長毛、沒有爪子的腳像熊、有眼睛但是看不見、有耳朵但是聽不到、會不斷繞著自己的尾巴轉圈圈，是討厭善人的奇妙生物，但由於「莊子」中的描寫段落，後來就常被畫成沒有頭、也沒有眼鼻口，只有長了六隻腳和四片翅膀的俏皮模樣。

四凶

檮杌
虎身人臉、長有豬牙的奇怪野獸。性格驕傲且頑固，會在荒野大鬧，戰鬥時若不把牠拉下來，就會戰到死。經常盤算要大亂天下。

窮奇
形象是長著翅膀會吃人的老虎，又或是全身覆蓋有刺蟠身上的針一般的牛，是一種會發出狗叫聲的生物。

第五章

陰陽道與陰陽師的歷史 II

平安時代迎接黃金盛世的陰陽師。在經歷各種失敗與嘗試後留下來的是賀茂家與安倍家兩大陰陽師家系。之後由於自西洋傳入格里曆，陰陽道也逐漸被廢除。直到西元一八七〇年（明治三年）政府禁止陰陽道為止，陰陽師一直在背後支撐著日本。本章介紹的是他們在近代化過程中被埋沒的歷史。

相地遷都

成為怨靈的
早良親王

桓武天皇（737-806）
與平安京

平安京在10頁時已經描述過，是個四神相應的土地。桓武天皇為了讓這片土地的力量更強，因此在都城的東南西北四個方向的岩倉裡放入經書。分別是洛北岩倉的岩座大明神（現在的山住神社）、洛東岩倉的東岩倉寺（未留存至今）、洛西岩倉的金藏寺、洛南岩倉的岩清水八幡宮（有多種說法）。

玄武・北

青龍・東

平安京

白虎・西

朱雀・南

都城移轉歷史

平安京
（794-1869）

長岡京
（784-794）

平安京
（710-784）

才從平城京遷離十年，桓武天皇便強硬遷都至平安京。想逃離恐怖的早良親王怨靈的桓武天皇非常注重「相地」，最後找到四神相應之地作為最佳場所。

奈良～平安時代（8世紀）

自怨靈手下逃走的
桓武天皇

天應元年（西元七八一年），山部親王在父親光仁天皇讓位下即位，他正是桓武天皇。山部親王的母親出身相當低微，原先繼承光仁天皇帝位的應該是井上皇后生的兒子他戶親王。但是山部親王和藤原百川※共謀，宣稱「井上皇后詛咒天皇」而幽禁了井上皇后與他戶親王。被幽禁之後，有一天母子兩人都死了，至於這是山部親王等人的謀殺、又或是他們自殺，無人知道真相。

或許是因為兩人的怨恨，導致平城京下起了砂石泥土、桓武天皇夜夜為惡夢所苦、藤原百川也猝死。

因此桓武天皇在延曆三年（西元七八四年）決定遷都到長岡京，但是遷都後又發生造宮使藤原種繼遭到殺害之事。由於抓到的犯人供稱首謀者是皇太弟早良親王，因此桓武

98

早良親王與桓武天皇

　　早良親王年幼時便已出家，僧侶之名為「親王禪師」。他居住在奈良的大安寺，據說也與東大寺建設有關，因此對東大寺相關的事務都有相當強的話語權。同母兄長桓武天皇即位後他便還俗，三十二歲的時候成為皇太子。母親高野新笠是渡來人（外來移民）和乙繼的女兒，並非皇族或者藤原氏。讓同一個母親所生的弟弟早良親王成為皇太子，想來是要讓天下知道這個血脈一直坐在帝位上。沒有人知道這對兄弟感情究竟好不好。但兩人的蜜月期實在很短。

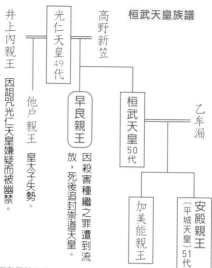

桓武天皇族譜

- 光仁天皇 49代 ── 高野新笠
- 井上內親王　因詛咒光仁天皇嫌疑而被幽禁。
- 他戶親王　皇太子失勢。
- 早良親王　因殺害種繼之罪遭到流放，死後追封崇道天皇。
- 桓武天皇 50代 ── 乙牟漏
- 加美能親王
- 安殿親王（平城天皇）51代

入母屋造　上為切妻、下有屋簷向外伸出的屋頂形狀。

21m

35m

總讓人聯想到鬼或者必要之惡的羅城門，想來一定有打動人心之處。

據說羅城門因為暴風而被吹倒，在安倍晴明的時代就已經不復存在。

羅城門的傳說

　　羅城門是平城京、平安京等都城入口，也就是王城大門。是寬約35m、高約21m的入母屋造建築。位於王城中心、呈南北走向的大路朱雀大道的南邊。據說裡頭住著鬼，能樂謠曲中也有故事敘說渡邊綱斬斷從樓門出現的鬼的手腕。芥川龍之介的小說『羅生門』當中則描繪主角為了活下去而選擇走上惡人道路的心態。

天皇廢除了早良的親王之位並將他流放到淡路。但是早良親王絕食抗議表示自己被冤枉，結果在流放途中就死了。之後桓武天皇的妻子旅子、母親高野新笠、皇后乙牟漏接二連三死去。桓武天皇害怕早良親王作祟，因此又拋下長岡京，再次遷都到平安京。

※藤原百川（732-779）為奈良時代後期的公卿。是將當時還是山部親王、也就是後來的桓武天皇推上皇太子寶座的有功之人。百川的女兒旅子成為桓武天皇的夫人，生下了之後的淳和天皇。

藤原良房與陰陽道

歷經承和‧應天門之變
成為關白的良房

過去高掛了書寫著「應天門」的匾額據說是空海的字跡。

應天門之變
應天門是平安京大內裏八省院南邊的正門。在應天門之變時燒毀，後來雖然有重建，但在西元一一七七年又再次燒毀。

良房是第一個非皇族人員的攝政者，打造了藤原氏攝關政治的基礎。

藤原良房（804-872）

貞觀八年（西元八六六年）平安京朝堂院正門應天門起火，原因是有人放火。一開始懷疑犯人可能為左大臣源信，但是大宅鷹取咬定大納言伴善男及其子中庸才是兇手，結果善男等人遭到流放。事件真相不明，但藤原良房可能將此事利用在政治上、將伴氏踢出政壇，建立了藤原氏的霸權。

平安初期的嵯峨天皇、淳和天皇兩人認為天地異變並不是個人造成的作祟，他們傾向於儒教的想法，覺得「上天是為了提醒天皇失政而引發災禍」。但是藤原良房握有權力以後，這種思考方式就被湮滅了。他透過「承和之變」讓妹妹順子所生下的道康親王順利成為皇太子，之後道康親王即位成為文德天皇，良房也如願以外戚的身分一手掌握權力，因此「天地異變是上天譴責（認為天皇有過失）」這種儒教想法，對他來說就會變成一件很困擾的事。

要是由於天地異變，導致當下掌權者也就是自己遭到罷免可就糟了。因此良房表示天地異變並非上天斥責，而是「神明或怨靈作祟」，藉此迴避自己的責任。如果是作祟，那只要祭祀或者施行祓事

以郊祀祭祀天地

齊衡三年（西元八五六年）冬至，文武天皇模仿桓武天皇在河內的交野進行祭拜上天的「郊祀」。起源地中國會在冬至的時候打造圓形的「天壇」來祭拜上天，並於夏至的時候使用方形的「地壇」來祭拜大地，這兩個祭祀是一組的，日本最初是桓武天皇執行這組祭祀活動。文武天皇也模仿他在都城城外建設圓丘、祭拜上天。

據說郊祀最初是中國古代天子祭拜天地的活動。在中國，天上最崇高的神明是玉皇上帝。在漢代時相關禮儀已經完備，隨歷代王朝演變會有些許改變，一直執行到清末。

神武天皇的郊祀

※圖：參考小泉勝爾（1883-1945）描繪的「烏見山郊祀」。

『日本書紀』上記載，第一代天皇神武天皇在神武天皇四年（西元前六五七年）時於奈良縣櫻井市的烏見山進行郊祀。這是傳說，實際上有進行郊祀的確切紀錄是從桓武天皇開始。

幕末時為了避開疱瘡而出現了「疱瘡圖」。除了曲亭馬琴的讀本『椿說弓張月』當中擊退疱瘡神的主角、源為朝以外，也會畫來自中國的祛病神明鍾馗、全身覆蓋紅毛的猩猩、國民英雄桃太郎等角色。

由於罹患疱瘡、發疹後肌膚會變紅，因此人們認為疱瘡神的身體是紅的，而且喜歡紅色的東西。所以將孩子們的玩具塗成紅色的以吸引神的注意、使祂不會附身在孩子身上。最有名的就是「赤べこ」（譯註：Akabeko，會津地區一種頭部可擺動的紅色牛形玩具）。

疱瘡神

疱瘡都是疱瘡神作祟

平安時代經常發生疱瘡（天花）在內的各種流行傳染病，當時的人們認為這是由於「疱瘡神」等疫病神作祟、到處散播疾病，因此大肆祭祀這類神明，希望能夠安撫祂們。京都的八坂神社祭典祇園祭原先就是為了安撫疫病神而舉辦的祭典。

就好了。因此文德天皇的時代開始盛行一種風氣，也就是只要有些許天變或者發生怪異之事，就會請陰陽師占卜或者祭祀。就連仁壽三年（西元八五三年）時傳染病大流行，陰陽寮也上奏表示應當依據陰陽書在各國的國分寺進行祭祀，而上頭也接受了這項建言。

由追究原因之占卜到祭祀進而祓事

不要漏看動物帶來的怪異徵兆！

寬仁元年（西元一〇一七年）十月，後一條天皇讓清涼殿有狐狸跑了進去。陰陽師占卜表示這是火災的預兆（出自『小右記』）。

寬弘七年（西元一〇一〇年）八月二十四日，藤原道長家中有牛跑進去，因此請陰陽師來進行占卜（出自『御堂關白記』）。

動物的「矢」
平安時代將糞便稱為「矢」，因此會記載為「犬矢」或者「狐矢」。只看書面還挺文雅的。

寬和二年（西元九八六年）二月十六日，有一條蛇跑進太政官中。安倍晴明進行占卜，表示有凶事（出自『本朝世紀』）。

長和元年（西元一〇一二年）六月二十九日，藤原道長家中發現犬矢（出自『小右記』）。

長和四年（西元一〇一五年）九月十六日，有一隻鳥迷路跑進外記局廳舍當中，在裡頭大鬧（出自『小右記』）。

貴族們的日記及歷史書中所留下的「動物相關怪異之事」非常多。像是鹿或者狐狸這種野生動物跑到貴族的房子裡，也被認為是怪異之事。牛舍裡的牛暴動、老鼠咬了文件或家具、宅子裡發現狗屎等，有時候也會被當成怪異之事記錄下來。

平安中期藤原氏開始施行攝關政治後，陰陽道也逐漸進化為日本原創風格。所謂攝關政治就是讓女兒成為天皇的妃子、生下男孩後又讓那孩子成為天皇，藉此發揮外戚勢力的系統，因此最重要的事情就是女兒是否能生下男孩、以及年幼天皇的健康狀態。尤其藤原良房（100頁）是第一個以非皇族身分成為攝關的人，因此相當在意年幼孫子清和天皇的健康，只要發生地震或雷鳴就會立刻占卜原因，甚至連宮中有不知名的鳥兒鳴叫、發現被咬死的蛇等這些小事情，都會請陰陽師占卜、找出原因。由於此時大多數人的概念都認為災禍或者怪異之事乃來自神明或怨靈作祟，因此或許是擔心要是天皇因為詛咒而生病或死亡就糟糕了。

在律令國家制度下，陰陽道被國

三合厄年

陰陽寮根據天文運行，主張太歲（木星）、太陰（土星）、客氣（火星）會合的「三合」之年是厄年，差不多也是在這個時候左右，由於一條天皇當政的正曆四年（西元九九三年）疱瘡（天花）大流行，當年正好也是「三合」之年，因此施行大赦與減稅。但疱瘡不但沒有抑制下來，第二年反而擴大到日本全國，因此由神祇官和陰陽師進行占卜，認為石清水八幡、伊勢神宮、賀茂社、松尾社、祇園社等有靈作祟，因此都舉行了奉幣。

採用方違避開凶方

貞觀七年（西元八六五年）八月，成人的清和天皇要從東宮御所搬遷到內裏去，但此時由於陰陽寮上奏而進行方違。當年根據「八卦法」正好是「乾（西北）」為「絕命（最大凶方）」，因此先前往西南方的太政官之後，再往北邊移動到內裏。據說這就是日本最初的方違紀錄。

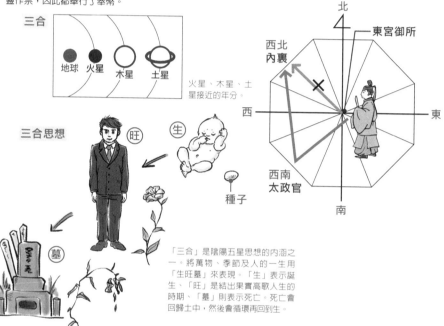

三合

地球　火星　木星　土星

火星、木星、土星接近的年分。

三合思想

旺　生

種子

墓

「三合」是陰陽五星思想的內涵之一。將萬物、季節及人的一生用「生旺墓」來表現。「生」表示誕生、「旺」是結出果實高歌人生的時期、「墓」則表示死亡。死亡會回歸土中，然後會循環再回到生。

北

東宮御所

西北　內裏

西

西南　太政官

東

南

家獨佔，陰陽師也會針對跟國家命運相關的事務進行占卜，但在律令制度開始崩毀以後，請他們占卜天皇個人疾病原因等也變得相當普通，同時社會風氣也認為既然他們有看穿疾病原因的能力，想必也有驅除的能力。因此陰陽師採用祭祀來平復疾病或者祈禱長壽，就變得非常日常。

平安京大內裏與陰陽寮、神祇官的位置

大內裏是以皇居這個內裏為中心，包含周遭那些進行政務及儀式的官廳區域。

（圖中官廳名稱）

兵庫寮　大藏　大藏　大藏　大藏　主殿寮　茶園
大藏省　大藏　大藏
圖書寮　內藏寮　縫殿寮
右近衛府　左近衛府
右近衛府　內裏　左近衛府
宴之松原　真言院
內匠寮　造酒司　陰陽寮
典藥寮　中務省　大膳職
左馬寮　豐樂院　朝堂院　太政官　宮內省
治部省　民部省
右馬寮　刑部省　彈正台　兵部省　式部省　雅樂寮
神祇官

平安朝的朝廷中負責占卜的機關有兩個，分別是神祇官的卜部以及陰陽寮。經常在互相補充占卜內容後，推翻原先占卜的結果（重複確認、再次執行）。若是占卜結果相異，通常會以卜部的結果為優先，但在針對怪異事件的占卜方面，也常採取折衷方案。這是由於卜部是詢問神明的意思、而陰陽師是詢問上天的意見，因此卜部優先。

平安時代 根據原因進行應對

神、物怪、怨靈作祟

雖然奈良時代認為天地異變及疾病流行都是神明懲罰，但到了桓武天皇的時候，普遍開始認為原因來自怨靈。時間來到平安中期，除了怨靈以外，天皇和御所周邊、寺社佛閣境內發生的各式各樣怪異之事都稱為「物怪」，並且認為這是疾病或災害的預兆。

在這個時代，天皇或貴族生了病，就會先找來陰陽師占卜，但疾病的原因也區分為神明作祟、物怪作祟等，生病的原因不同，治療的方式也有所差異。若為神明作祟，就會施行陰陽道中的土公祭或鬼氣祭（27頁）等祭祀，或者是派使者去發怒神明所居住的神社進行奉幣※。相對於此，若是怨靈或物怪作祟，就會使用密教的加持祈禱。而且如果是被某個人詛咒的場合，請陰陽師來進行祓事被認為是正

104

避免神明作祟的庚申待

中國認為人體內居住著名為「三尸」的蟲子，他們會在庚申夜晚從身體裡飛出去，向天帝報告那個人平常的惡行惡狀，因此那個人的壽命就會減短。所以在庚申夜晚一直醒著不睡覺，藉此不讓三尸從體內溜走，就是「庚申待」。在『源氏物語・帚木』當中光源氏等人不睡覺而在雨夜進行品定，應該就是因為「庚申待」。

三尸之蟲

下尸
位於腳部，會引發腰部以下的疾病。

中尸
位於腹中，會引發內臟疾病。

上尸
在頭裡面，會引發頸部以上的疾病。

不行啦
汪汪！

道長每天都帶著自己飼養的白狗，前往法成寺參拜。那天也像平常一樣過去，但是白狗卻擋住他的去路、一直吠叫。

因此找來了安倍晴明占卜，這才發現路上埋著詛咒道長的東西。

詛咒用的土器
使用黃色的紙繩綁成十字。

咒殺人類的詛咒

此時社會普遍相信陰陽師具有咒殺他人的「詛咒」力量，因此有各式各樣的詛咒活動。奈良時代的詛咒工具大多是寫上詛咒對象姓名、出生年月日的「人形代」，到了平安時代，大多使用寫上咒語的「札」（譯註：木板）。『宇治拾遺物語』曾提到有人將兩個石頭用硃砂寫上文字的土器合在一起，使用紙繩綁起來後埋在地底下，用來詛咒藤原道長。

確的治療方式。

記錄平安後期歷史的書籍『榮花物語』當中提到，生了病的藤原賴通請賀茂光榮和安倍吉平占卜原因，但是同時出現了好幾個原因，此在「如果是神明作祟，就不能施行密教修法⋯⋯」這樣的顧慮下，苦思之後還是決定請陰陽師進行祭祀及祓事。

表現中世紀日本生死觀的九相圖

※上面是描繪年輕女性（小野小町）的九相圖。從鎌倉時代到中近世都有人畫這類圖。

在佛教當中為了要斬斷對於自己或者他人肉體的執著，因此有一種修行是想像肉體不淨的各種樣貌，稱為「不淨觀」。而這裡面將屍體分為九個階段觀察便稱為「九相觀」，認為肉體腐朽的過程包含①脹相（屍體因為氣體而膨脹）、②壞相（皮膚開始敗壞）、③血塗相（皮膚裂開、眼睛出血）、④膿爛相（開始腐敗）、⑤青瘀相（由於日曬雨淋風吹雨打而開始化作木乃伊）、⑥噉相（被鳥獸啃食）、⑦散相（四肢及五臟散亂）、⑧骨相（化為白骨）、⑨燒相（焚骨）這九個階段。根據這個說法畫出來的畫像就是九相圖，有時也會描繪生前的樣貌。

平安時代 日本人死後觀點的變革

不與死後世界打交道的陰陽師

自古以來日本的宗教神道當中，就認為死亡是一種「汙穢」。因此祭拜神明的神社不可以舉辦葬禮。這種思考模式一直傳承到平安時代，一般平民等就算是有家人死去，也只會將屍體運到化野、鳥邊野、蓮台野等風葬之地，直接放在那裡。不過若是天皇或貴族過世，倒是不會就這麼擱著，而是直接火葬後放入墓裡，但由於人們認為葬有屍體的墳墓是種「汙穢」，因此並沒有掃墓的習慣。被棄置不管的墳墓會逐漸荒蕪，也因此形成了世人認為土地上會棲息怨靈的想法。

為日本人的死後觀帶來變革的就是佛教，死後世界及供養這些概念，是在佛教傳入以後才逐漸產生的。說起來陰陽道原本就不會與死者沾上任何關係，只負責選擇打造

106

威子

後一條天皇11歲時藤原道長讓年長他9歲的威子（道長的三女）入內裏成為皇后。據說剛開始威子相當害羞。

後一條天皇

準備後一條天皇的葬禮

後一條天皇駕崩之際，安倍晴明的孫子安倍時親占卜決定了天皇遺體移置場所、送到火葬場的日期時間、方位等等。時親上奏占卜結果要在神樂岡（吉田山）東邊打造火葬場，並且將遺骨安置在淨土寺，火葬當日也在神樂岡舉行地鎮祭。

道長在祝賀宴會上吟詠的句子「此世乃吾世　正如此滿月　完美無盈缺　一切如我願」相當有名。但是威子並未生下男孩，在後一條天皇駕崩幾個月後便得了天花而年紀輕輕香消玉殞。

纓

光源氏

沒有花紋的外袍御衣

鈍色下襲

平安時代的喪服

現在一般認為喪服是黑色的，不過江戶時代的喪服是白色。至於平安時代中期，「鈍色（深灰色）」才是喪服的顏色。而且喪服要穿的東西，會和當事者與死者的關係、以及喪期前後等有所差異。在『源氏物語』當中，因為妻子死去而穿著喪服的光源氏也曾哀嘆：「我想穿著顏色更深的喪服，但死去的畢竟是妻子，就只能穿這麼淺色的衣裳。」

作品中描寫悲嘆的光源氏「身穿沒有花紋的外袍御衣搭配鈍色下襲、頭戴纓卷悲從中來的樣貌，相較於平常那些華美的衣裳，如今更顯其風雅。」也就是身穿樸素的喪服，但卻比平常的裝扮還要優美。

墳墓的場所、火葬日、在火葬場的山稜舉行地鎮祭等。為了要供養死者而誦經，其實還是屬於僧侶的工作。

室町時代逐漸進入到民間生活的陰陽師之中，也有人倡導大家應該要召喚死者之靈好好供養，但正規的陰陽師其實是完全不和死後的世界有所接觸的。

世界大事
塞爾柱帝國建立

塞爾柱帝國是由圖赫里勒・貝格建立的伊斯蘭王朝。西元一〇五五年由於阿拔斯帝國的哈里發賜予蘇丹稱號，因此成為能與什葉派法蒂瑪王朝相抗衡的遜尼派王朝。

平安京遍地皆怨靈

桓武天皇為了逃避怨靈而從平城京搬到長岡京、之後又遷到平安京去，但新的都城平安京並非就與怨靈作祟無緣。甚至可以說平安時代根本是「怨靈的時代」，是一個大量怨靈誕生的時代。以下就介紹一下主要的怨靈們。

早良親王（崇道天皇）（750-785）

足以讓桓武天皇遷都的力量

六怨靈※

有一說認為此事件是桓武天皇希望兒子安殿親王盡快繼承，因此將莫須有的罪名套在早良親王身上，之後早良親王便成為怨靈，接二連三殺了桓武天皇周遭的人，還引發流行病與大洪水等。因此桓武天皇只好追贈早良親王為崇道天皇，並且將遺體重新厚葬在大和。

貞觀五年（西元八六三年）在神泉苑舉辦的御靈會當中祭祀的六怨靈※，位居首位的便是早良親王。他是桓武天皇的弟弟，原本應該是會繼承天皇之位的皇太弟。但在延曆四年（西元七八五年）年由於造長岡京使藤原種繼遭暗殺事件，首謀者大伴繼人供稱「是早良皇太弟的命令」，因此早良親王遭到逮捕並流放到淡路國。然而早良親王堅稱他被誣陷，因此絕食而死，但桓武天皇仍不原諒他，命人將遺體運到流放地淡路埋葬。

伊予親王（？-807）

是否為藥子策略的被害者

六怨靈

伊予親王是桓武天皇的第三皇子，也是在桓武天皇之後即位的平城天皇（安殿親王）的異母兄弟。他的母親是藤原吉子，其兄藤原雄友是平城朝中高居大納言之位的重臣。

藤原吉子（？-807）

六怨靈

大同二年（西元八〇七年），伊予親王與藤原吉子因謀反罪名而在屋宅被包圍後遭到逮捕。伊予親王雖然作證表示是藤原宗成勸誘謀反，但藤原宗成表示伊予親王才是首謀者，因此母子二人被幽禁在大和的川原寺，沒多久兩人便服毒自盡。這個事件據說可能是平城天皇寵愛的藤原藥子和兄長藤原仲成共謀煽動藤原宗成勸誘伊予親王謀反，藉此要讓政敵藤原雄友失勢。

書法名家的悲慘命運

橘逸勢（?-842）

六怨靈

當時是嵯峨天皇之子仁明天皇治世的時代，皇太子是嵯峨天皇的弟弟淳和天皇之子恒貞親王。但是仁明天皇的中宮順子之兄長藤原良房策畫廢除恒貞親王，讓順子生下的道康親王繼位，因此皇太子這邊的伴健岑和橘逸勢便想讓恒貞親王先亡命到東國去。但這個計畫被發現，因此兩人被指為謀反，伴健岑被流放到隱岐、而橘逸勢則被流放到伊豆。但是橘逸勢在抵達伊豆之前就病死了。之後都城上空出現白色虹光與彗星，都被認為是橘逸勢作祟。

延曆二十三年（西元八○四年）以遣唐使身分與空海及最澄一同前往大唐。他曾向柳宗元學習書法，由於相當優秀而被稱為「橘秀才」。回國後與空海、嵯峨天皇並稱為「三筆」，是書法相當高明之人，據說平安京內裏也有相當多匾額是他的揮毫之作。

菅原道真（845-903）

成為學問之神的怨靈

菅原本來擁有和藤原氏不相上下的權力，與當時的左大臣藤原時平相抗衡，但是被誣陷「想讓自己的女婿、同時也是醍醐天皇之弟的齊世親王登上帝位」而被左遷至大宰府，兩年後的延喜三年（西元九○三年）便過世。

道真死後六年，策畫讓道真左遷的時平年僅三十九歲就撒手人寰，之後醍醐天皇的皇子保明親王也過世、有雷落在內裏清涼殿之上造成大量死傷者，因此大家認為這些事情都是道真怨靈造成的，只好將祂奉為神明，於北野之杜（現代的北野天滿宮）祭拜他。

由於宇多天皇並不喜歡藤原家獨大，因此重用道真讓他與藤原家抗衡。在宇多天皇讓位給醍醐天皇以後，憑著這層靠山關係，依然讓他高升到右大臣之位。

※又稱為六所御靈。在傳染病大流行或者災害較多的時候，會祭祀那些死不瞑目之人，而第一次舉辦這種御靈會是在西元八六三年。早良親王、伊予親王、其母藤原吉子、橘逸勢、文室宮田麻呂這五個人，加上藤原仲成或者藤原廣嗣等，這六位就是最具代表性的怨靈。

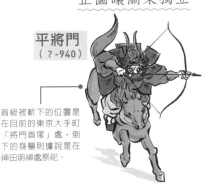

自稱為新皇，企圖讓關東獨立

平將門
（ ?-940 ）

　　將門是桓武平氏血脈的名門武士，出生在東國。當時的武士身分很卑微，因此也不可能在都城出人頭地。因此他在天慶二年（西元九三九年）順應武士日漸高漲的不滿，在東國引發叛亂，相對於都城的朱雀天皇，他自稱「新皇」企圖獨立建國，不過在戰事中額頭中前身亡。將門死後，首級被送到京城於七條河原示眾，但是有一天那首級卻高喊著「我要把這頭和身子接在一起，再戰一場！」然後飛到空中、往東邊飛去。據說當時將門的身體也為了尋找自己的頭顱而跑了起來。

首級被斬下的位置是在目前的東京大手町「將門首塚」處，倒下的身軀則據說是在神田明神處祭祀。

祐姬（生歿年不詳）

藤原元方
（888-953）

身為冷泉天皇的第二皇子，後來繼承一條天皇之位的三條天皇也長期受眼病之苦，因此在藤原道長的施壓下退位，據說他的眼病也是怨靈元方造成的。

繼位之爭落敗、作祟到最後一代

　　藤原元方的女兒祐姬成為村上天皇的更衣，生下第一皇子廣平親王。但同為村上天皇中宮的藤原師輔[※1]之女安子生下第二皇子憲平親王（後來的冷泉天皇）後，師輔便讓年僅兩個月大的嬰兒成為皇太子。元方本以為自己的孫子可以成為天皇，絕望之下痛苦而死、成為怨靈長期對師輔的子孫作祟。冷泉天皇就算腳受傷了也要繼續踢蹴鞠、甚至曾在寫給父親村上天皇的信上畫了男性那話兒等等，總之是個行為舉止相當奇怪的孩子，據說這也是怨靈元方造成的。

留下大胃王故事的貴人

　　藤原朝成是笙（一種管樂器）的高手，同時也因為身軀相當肥胖而聞名。另外他和藤原師輔長男藤原伊尹爭奪藏人頭地位的事情也相當有名。最初朝成並沒有與伊尹爭奪的意願，但為了要解釋這件事情所以前往對方住處拜訪，結果他讓在炎炎夏日的庭院裡空等許久，最後還是沒能見到伊尹。因為非常生氣，結果他發誓「為了斷絕伊尹一族的血脈，會對子子孫孫作祟」。相傳他化成了生靈殺死伊尹。

藤原朝成
（917-974）

從伊尹屋子離開的時候，朝成的腳都腫了、甚至沒辦法穿上鞋子，可見是真的站了很久。位於三條西洞院的朝成屋宅在朝成死後，若有伊尹子孫踏入都會遭到不幸，因此被稱為「鬼殿」，大家都會盡量避開該處。

※1 藤原師輔（908-960）平安中期的公卿。精通朝廷儀式，著有「九條年中行事」、並留下「九條殿遺誡」給子孫。

受人畏懼被稱為惡靈左府

藤原顯光
（944-1021）

藤原延子
（985-1019）

和父親藤原兼通高居關白之位相比，兒子藤原顯光過於不中用，因此政權寶座也被藤原道長奪走。為了起死回生，他將女兒元子送入後宮作為一條天皇的女眷，原先以為會生下男孩、沒想到分娩出的卻是水，結果成了笑柄（譯註：後人推斷可能為某種疾病），後來元子在一條天皇死後與源賴定[*2]私奔離去。接下來顯光把希望放在嫁給了三條天皇皇太子敦明親王的女兒延子，結果敦明親王因為害怕道長的權力而辭退皇太子之位，迎娶道長的女兒寬子作為妻子。延子因為大受打擊而身亡，顯光也一夜白髮。

顯光死後，寬子病死、道長的女兒嬉子及妍子也接二連三猝死，因此人們認為這是顯光和延子作祟，相當畏懼顯光而將他稱為惡靈左府。

日本最強的怨靈

因為受到曾祖父白河院喜愛，年僅五歲就由父親鳥羽天皇讓位、即位為崇德天皇，但據說非常討厭被父親鳥羽院說是「爺爺的孩子」。一說認為崇德天皇其實是白河院的孩子。在白河院死後，鳥羽院說服崇德將自己的弟弟體仁親王（近衛天皇）收為養子並讓他即位以後，就可以施行院政。結果還是由弟弟行天皇之實，並沒有施行院政。因此在近衛天皇死後，崇德想讓自己的孩子重仁親王即位，但鳥羽院依然阻礙崇德院，成功讓後白河天皇即位。惱怒的崇德天皇引發了「保元之亂」[*3]卻失敗而被流放到讚岐。

崇德天皇
（1119-1164）

世界大事
黃巢之亂

西元八七五年在中國發生了以鹽巴商人黃巢為首的農民大規模叛亂。叛亂本身在八八四年就受到鎮壓，但大唐也因此元氣大傷，走上毀滅的道路。由於大唐發生這樣的社會動亂，因此菅原道真上奏表示應該廢止遣唐使。

滿懷怨恨的崇德怒咬斷自己的舌頭，以血立誓「要成為日本國的大魔頭、使天皇成為平民、讓平民成為天皇」，之後憂憤而死。

※2 源賴定（977-1020）平安中期的公卿。村上天皇第四皇子、為平親王的次男。
※3 保元之亂是保元元年（1156年）於京都引發的內亂。崇德天皇與藤原賴長對上後白河天皇與藤原忠通而落敗。

二十八星宿

九曜

十二宮

釋迦金輪

北斗七星

星曼荼羅

星曼荼羅又稱為星供曼荼羅或者北斗曼荼羅，是供奉北斗七星、作為用來祈禱不要有天地異變或者疫病的北斗法之本尊來祭祀。

橫圖上是三層結構，內圈中央坐著的是釋迦金輪。表示掌握人類命運的北極星。

周圍有九曜、釋迦金輪下方則畫著北斗七星。

第二層則描繪十二宮（牡羊座、金牛座、雙子座、巨蟹座、獅子座、處女座、天秤座、天蠍座、射手座、摩羯座、水瓶座、雙魚座）。

第三層描繪的是將天上赤道與黃道附近星球區分為二十八段，每區皆有一個星宿共二十八星宿。

北斗七星

古代中國認為天上眾星都繞著北極星轉，因此將其奉為司掌全宇宙的神明。這個概念也傳到日本，認為北斗七星的七顆星當中會有一個是掌管自己命運的本命星。至於是哪個星星，則是由出生年分的干支決定的。

火星／祿存
（寅、戌）

木星／廉貞
（辰、申）

月／巨門
（丑、亥）

土星／破軍
（午）

水星／文曲
（卯、酉）

金星／武曲
（巳、未）

太陽／貪狼
（子）

※（）當中是對應的干支

北極星＝北辰、妙見

到了平安時代，原先是在密教中相當興盛的北辰[1]（北極星。又稱妙見）及北斗七星信仰也被納入陰陽道之中。密教中會使用描繪了北斗七星的星曼荼羅進行「北斗法[2]」之類的修法，為了與之相庭抗衡，陰陽道也會舉行配合個人所屬星宿的「屬星祭（27頁）」。

陰陽道中會將出生年分干支配合五行的「木星、火星、土星、金星、水星」及陰陽的「月、太陽」這七個星宿對應得到「本命星（屬星）」，而到了平安時代則對應到北斗七星的「貪狼、巨門、祿存、文曲、廉貞、武曲、破軍」七顆星。

順帶一提子年生就是貪狼、丑年與亥年生就是巨門、寅年及戌年生是祿存、卯年及酉年生是文曲、辰年與申年生為廉貞、巳年及未年生

只為天皇施行的熾盛光法

貴族們會將出生年分的北斗七星屬星作為自己的守護星，但只有天皇比較特別，是以天之中心的北辰（北極星）作為守護星。因此密教有特別為了天皇施行的「熾盛光法」修法，而使用的是「熾盛光曼荼羅」。中央會描繪金輪佛頂尊，在祂身邊的是觀自在菩薩、金剛手菩薩、毘俱胝菩薩、佛眼菩薩、不思議童子菩薩、文殊菩薩、救護慧菩薩，另外也描繪了十二宮和二十八星宿等星星。

熾盛光曼荼羅

八方天

步嚕唵
（金輪佛頂真言）

十二宮與
二十八星宿

熾盛光法的本尊被稱為熾盛光佛頂，被認為是金輪佛頂的別名。由於祂會放出無數光明為眾生祈禱，因此被稱為熾盛光。熾盛光曼荼羅有各種形狀，但大多會在中央描繪著金輪佛頂的種子字「步嚕唵」的梵字。

以九曜為基礎打造出來的圖樣被稱為「九曜紋」。戰國武將也曾使用。

九曜紋

丸九曜

伊達政宗等人使用

戶澤盛安等人使用

細川九曜

細川忠興等人使用

家紋也會使用的九曜（年星）是什麼？

到了平安後期，只有屬星祭和北斗法感覺有些不夠，因此又加上了元辰星和年星。將屬星對應的十二支依照順序區分陰陽（子為陽、丑為陰，依序排下去），陽的話就是屬星往前算一個，陰就是屬星往後算一個，這就是元辰星。另外相對於屬星和元辰星是依照生年來看、因此是固定的，年星則是每年更替，這些合稱「九曜」（122頁），現在還會用於占卜上。

是武曲、午年生則是以破軍為守護星。

由於一般認為北斗七星是掌管個人壽命的星星，因此藤原師輔的『九條殿遺誡』（記載每日禮節與內心所得作為留給子孫的家訓）當中也提到，每天早上起床後應該先「誦念屬星的名字七次」，由此可知平安貴族為了祈禱自己長壽，會像念佛一樣誦念自己屬星的名號。

※1 密教當中將北斗七星神格化成為妙見菩薩，是為妙見信仰。祈禱能夠治療眼疾、消災解厄等。
※2 密教的修法。會在本命日（符合當事者出生日期干支的日子）舉行。內容是掛上星曼荼羅、朗誦祭文。

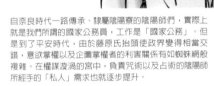

權力者背後總有陰陽師的影子

安倍晴明

利用對方的權力

利用對方的能力

藤原道長
（966-1027）

自奈良時代一路傳承、隸屬陰陽寮的陰陽師們，實際上就是我們所謂的國家公務員，工作是「國家公務」。但是到了平安時代，由於藤原氏抬頭使政界變得相當交錯，意欲掌權以及企圖掌權者的利害關係有如蜘蛛網般複雜。在權謀漩渦的宮中，負責咒術以及占術的陰陽師所經手的「私人」需求也就逐步提升。

原　先陰陽師是隸屬於律令國家※1的官僚。但是到了平安時代，由於律令制逐漸解體，因此陰陽師除了侍奉國家與天皇以外，也增加了許多受到個別有力貴族所用的機會。

安倍晴明活躍的時代正是建立藤原攝關家※2全盛期的藤原道長的時代，因此晴明的活動紀錄當中也有許多是為了道長所做的事情。尤其是他晚年成為左京權大夫以後，還為了道長要在三昧堂（淨妙寺）建木幡而相地（10頁）、占卜參拜賀茂社的日子或者打造佛像之日的吉凶，也在他遷居的時候舉行新居的地鎮祭※3等，由這些活動看來，他幾乎成了道長專屬的陰陽師。這樣的傾向在晴明死後愈發誇張，道長重用賀茂光榮和安倍吉平來接替晴明的位置，同時代成為右大臣的藤原實

114

依賴陰陽師的貴族們

如果發生怪異之事或者夢到惡夢，貴族們會立即請陰陽師占卜、進行祭祀或者祓事等來避開危險。但是最常見的迴避危險方式其實是「物忌」，像藤原道長等人甚至一年會有五十次以上的物忌。進行「物忌」的時候，會在家門口或者屋簷掛上牌子，在白河上皇以及鳥羽上皇讓位後居住的「鳥羽殿」（白河上皇在京都市伏見區建設的離宮）就有挖掘出「物忌牌」。

物忌牌

物忌牌

寫著物忌的棒狀木片被包在紙張裡面。如果是比較簡單的物忌，會將牌子插在冠或頭髮上出門，比較嚴重的物忌就會將紙牌掛在簾子上，或者插在衣服、頭髮上，並且躲在家裡。

棒狀木片

柳物忌也須去

← 包裝紙

在柳木牌或者忍草（蕨類植物）上寫著「物忌」，將牌子掛在冠或頭髮上、又或掛在簾子上使用。

簾子

安倍吉平（954-1026）

安倍晴明男，在晴明之後受到道長重用。雖然沒被任命為陰陽頭，但他是能夠在祈雨祭祭典時施行五龍祭的優秀陰陽師。弟弟吉昌則是從天文博士之職被拔擢為陰陽頭。

六壬式盤

藤原道長的方違與吉平

長和五年（西元一〇一六年）藤原道長要搬遷到二條新蓋好的屋子時，看了曆書發現預定搬家的日子居然「不可遠行」，因此找來安倍吉平詢問理由。吉平表示「因為這天是桓武天皇遷都之日」，道長雖然認為都已經過了三百年，怎麼還得忌諱這種日子，還是心不甘情不願地請吉平重新占卜吉日。

資也請吉平為自己進行反閇（144頁）、或請他舉行祭祀。當然陰陽師還是有繼續為天皇辦公，但他們為了個別貴族工作也變成常態。雖然這也是由於藤原攝關家將權力化為私人所有，才能夠像這樣利用陰陽道，不過陰陽師們應該也是為了生存而必須取得當權者的庇護。

世界大事
越南成立李朝

西元一〇〇九年李公蘊結束了長久以來的中國王朝統治，建立了越南人自己的王朝。之後於一〇五四年將國號定為「大越國」，並設首都於「昇龍」（現在的河內）。大越國一直持續統治到一二二五年。

※1 7世紀後半到9世紀左右的古代國家。根據律令法，是一個體系上以天皇為中心的中央集權國家。
※2 藤原良房是第一個非皇族而成為攝政者的人，道長則建立了藤原家支配基礎。
※3 在建築或土木工程前向土地神明祭祀祈禱，祈求平安無事的祭祀活動。

曆道的賀茂家、天文道的安倍家

安倍家

由安倍晴明出現開始一步一腳印建立地盤，到了鎌倉時代確保了陰陽家的地位。

賀茂家

由平安時代到鎌倉時代的陰陽頭大多是賀茂家的人，握有相當大的權力。但在鎌倉時代以後有衰退的傾向。

安倍家與賀茂家之間似乎有些爭執。原先安倍晴明是賀茂家的弟子，但是晴明的才能與領導魅力相當受歡迎，所以名聲非常高。可以理解賀茂家也會因此有所反彈。在「續古事談」當中提及，賀茂保憲的兒子賀茂光榮曾經和晴明爭論過誰擁有比較多的陰陽道相關書籍。

平安時代後期（11世紀）
兩大陰陽家的時代確立

　　被稱為難得一見的天才的賀茂保憲（69頁）和掌權者藤原道長重用的安倍晴明出現之後，平安中期以後的陰陽道就開始被賀茂家與安倍家瓜分。尤其是天喜三年（西元一〇五五年）時安倍章親就任陰陽寮領導者職位的陰陽頭，之後則是賀茂道清接任，在那以後陰陽頭的地位就完全由安倍家和賀茂家獨占，一直到江戶時代，陰陽寮的主要職位都還是由這兩家霸占。

　　賀茂家自賀茂保憲接下造曆聖旨後，兒子賀茂光榮也成為曆博士，接下來在天喜五年（西元一〇五七年）賀茂道清、道言兄弟又成為權曆博士，便成為獨霸曆道的家族。同樣的情況也出現在安倍家，安倍吉昌成為天文博士為開端，在子安倍吉平（吉昌的哥哥）之子安倍章親、奉親兄弟成為權天文博士以後，安

116

賀茂光榮的奇行

在藤原忠實談話集『中外抄』當中提到賀茂保憲的兒子，也就是被認為是晴明競爭者的賀茂光榮，是個非常奇特的人。藤原道長的女兒中宮彰子請他來協助生產，結果他穿著表衣、指貫、平履就來了，頭髮還亂糟糟的，甚至還捏起衣服上的蝨子、按在欄杆上的木頭壓爛等，行各種無禮之事。但或許是他的能力相當優秀，並沒有人責怪他。

賀茂光榮
（939-1015）

賀茂忠行之孫、保憲之子，是第三代陰陽師。成為曆博士以後被稱為是「神聖嚴肅之人」。

表衣

指貫

平履
（簡易鞋子）

安倍吉平

```
晴明
├─ 吉昌 ── 弟弟
└─ 吉平 ── 哥哥
```

晴明有吉平、吉昌兩個兒子。

丹波雅忠（1021-1088）

平安時代的醫師，老師為父親忠明。是被稱為「日本扁鵲」的名醫，曾遞補典藥頭等職位。

預知地震的安倍吉平

安倍晴明之子，與賀茂光榮一同受到藤原道長重用的安倍吉平，也是才能優異之人。在『古今著聞集』當中提到吉平在和醫師丹波雅忠喝酒時，見雅忠杯中還有酒，吉平便說：「快喝了吧，等會兒要地震了。」話才說完，地面便開始搖動。

倍家便獨占天文道鰲頭。對於貴族們來說，曆是生活中最重要的東西。因此獨占曆道的賀茂家權力非常強大。雖然一般傳說「賀茂忠行分別將曆道和天文道傳授給兒子保憲以及弟子晴明」，但其實這是在賀茂家與安倍家獨占陰陽道以後才出現的說法。

世界大事
克努特大帝

西元一〇一六年，丹麥王八字鬍斯韋恩的兒子克努特即位為英格蘭王。之後克努特又繼承了丹麥的王位和瑞典的王位，因此成為整個廣大北海帝國的「大帝」。

在壇之浦與寶劍一同沉入海底的安德天皇

由於壇之浦附近水流
非常快，因此可能也
找不到草薙劍。

安德天皇

平清盛之妻、
安德天皇的祖母
平時子（三位尼）

三神器

八咫鏡
放在宮中三殿的
賢所中祭祀。

草薙劍

八尺瓊勾玉
放在天皇寢室隔壁的
「劍璽之間」祭祀。

陰陽師安倍泰茂曾占卜，那與八歲的安德天皇一同沉沒的寶劍是否位於龍宮或者其他地方，結果都不是，只能以沉沒點為中心尋找，然而最後還是沒能找到。在「平家物語」當中提到沉進海裡的寶劍沒有回到天皇身邊，有陰陽寮的博士表示理由如下：草薙劍是由須佐之男命打倒八歧大蛇以後在尾巴發現的寶劍，因此八歧大蛇轉生為安德天皇，拿回了寶劍。

平安時代後期（12世紀）

院政時代的陰陽師

平安中期，陰陽師由原來的朝廷官僚分轉變為攝關家私人服務者。到了平安後期，施行院政[1]的上皇們擅自將民間禁忌引進宮中，搞得陰陽師們也一個頭兩個大。最誇張的就是金神（20頁），這是白河上皇積極採用的一種方位神禁忌，民間認為該方向做任何事情都是凶。雖然安倍泰親（70頁）等人進言「這只是迷信」，但大多數陰陽師迎合當下掌權者，最後還是把這個禁忌列入陰陽道之中。

另外在「保元之亂」、「平治之亂[2]」後，平清盛掌權，社會逐漸由公家政治轉為武家政治，因此陰陽師也開始服務武家。就連被稱為「指神子」的名人安倍泰親，也曾在平清盛之女、也就是高倉天皇的中宮德子懷孕時被找去，詢問將生男生女，而泰親一口斷定「是皇

118

陰陽寮燒毀

陰陽寮在大治二年（西元一一二七年）因大火而受損，大部分的器物都燒掉了，就連桓武天皇遷都來平安京時就蓋好的鐘樓也被燒毀。之後從大宰府將同一型的鐘運到京城，但在治承元年（西元一一七七年）京城又發生「太郎燒亡」大火災，陰陽寮再次被燒毀。這可以說是貴族社會結束，逐漸轉變為武家社會的決定性事件。

鐘樓之鐘想像圖

「太郎燒亡」是「安元大火」的別稱。一般認為這是居住在愛宕山的太郎坊天狗所引發的災害，因此才有這別名。鴨長明撰寫的「方丈記」當中有描寫出那場大火有如地獄般的光景。

源賴朝（1147-1199）　　平清盛（1118-1181）

十死一生日在陰陽道乃是大凶之日，據說若在這天出戰就很難活著回來，但為了依循這個忌諱而戰敗，實在諷刺。

清盛
敗於十死一生日

聽聞東國源賴朝舉兵的平清盛立刻從福原（清盛在西元一一八〇年短期遷都的地點，現今的兵庫縣神戶市）派遣鎮壓軍隊，但是鎮壓軍抵達平安京以後卻在京都停留了六天沒有移動，浪費許多寶貴時間、給了賴朝集結軍力的時間。在中山忠親的日記『山槐記』當中提到，這是由於在曆書上有「十死一生日」，乃是遠征的凶日，因此沒有出兵。

子」，預言了言仁親王（後來的安德天皇）誕生。

此外，平家在源平兩家的爭戰中落敗，安德天皇帶著三神器當中的寶劍（草薙劍）一起沉入壇之浦，泰親之子泰茂也曾占卜神器沉沒的位置（目前依然下落不明）。

※1 由上皇或法皇取代天皇施政。由於施行院政，藤原氏的地位也逐步下滑，上皇將權力賦予聽命於他的武士。
※2 保元之亂之後，1159年由平清盛和源義朝引發的內亂。平氏獲得勝利。

鎌倉幕府的陰陽師們

安倍家前往鎌倉，賀茂家則留在京都

賀茂家

安倍家

京都
幾乎不為幕府服務。

鎌倉
直接定居關東，就此生根的人也很多。

有些人會觀星

有些人會使用筮竹

有些人使用式盤占卜

承久之亂由鎌倉幕府獲得勝利以後，除了未來的土御門本家也就是安倍泰茂一家和安倍親長一家以外，安倍重宗、國道、知輔、晴賢、晴茂、國續、晴繼、晴幸、晴宗、廣賢、定賢、經昌、清貞等人都跟著去了鎌倉服務幕府。但是賀茂一族在京都朝廷內的地位高於安倍家，因此留在京都。之後陰陽師們便成為幕府直屬的「幕府陰陽師」。這時的祭祀活動比平安時代還要多，因此非常重視陰陽師。

鎌倉幕府積極納入陰陽道，是從三代將軍源實朝[※1]開始的，在實朝遭到暗殺以後，便由京城迎來九條賴經（幼名三寅）成為四代將軍，在那之後這種傾向也變得更加強烈。

承久三年（西元一二二一年）時後鳥羽上皇[※2]下令討伐幕府掌權的北條義時，命全國舉兵，此乃承久之亂，幕府這邊召來陰陽師安倍泰貞、安倍親職、安倍宣賢占卜此役勝負，得到了「鎌倉這一方會勝利」的結果。

對於那個時候的鎌倉御家人[※3]來說，當時京城的天皇家仍具有絕對權威，因此要檟上朝廷需要非常大的決心。就連義時向部下們下令「（要是天皇御駕親征）那就馬上脫了盔甲投降吧」。但是此時陰陽師們占卜得到「鎌倉會獲勝」的結果，

※1 源實朝（1192-1219）為鎌倉幕府第三代將軍，母親是北條政子。被哥哥賴家之子公曉殺死。
※2 後鳥羽上皇（1180-1239）鎌倉初期的天皇。1198年讓位給土御門天皇以後施行院政。在承久之亂中落敗，被流放到隱岐後駕崩。

鎌倉時代的陰陽師殺人事件

鎌倉時代史書『吾妻鏡』當中有許多關於陰陽師的記述。甚至記載了寬元二年（西元一二四四年）一月二十日，陰陽師安倍業氏遭到殺害之事，在翌年八月逮捕犯人漏刻博士安倍泰繼和大膳權亮安倍孝俊。

據說犯人安倍泰繼被流放到上總國（現今的千葉縣中央部）、安倍孝俊則送到下野國（現今的栃木縣）。史書居然特地記錄陰陽師遭到殺害的事情，實在非常少見。

吾妻鏡

鎌倉幕府編撰的歷史書。是依照將軍順序編寫的編年史，從西元一一八〇年以王舉兵起，一直到一二六六年將軍宗尊親王回京為止的八十七年，以日記體裁寫成。有許多陰陽師來到鎌倉、受到幕府重用一事，可以在官方史書吾妻鏡中窺見，裡面詳細記載了陰陽師舉行的祭祀、以及其他活動紀錄。

北條政子的演講

『吾妻鏡』當中提到，承久之亂中鎌倉這方能夠獲得勝利，是因為幕府初代將軍源賴朝之妻北條政子在人心惶惶的御家人面前表示「希望大家齊心聽我說說話」，然後流著眼淚訴說應當回報已故賴朝的恩情，因此使麾下士兵備受感動而大為振奮。

北條政子
（1157-1225）

雖然已出家卻做著將軍的工作，因此被稱為尼將軍。在『吾妻鏡』中政子這番演講有許多名言金句，像是「源賴朝公之恩，比山高、比海深」等等。

想必也提高了他們的戰意。另外陰陽師們也舉行了三萬六千神祭※4和屬星祭（27頁）、天曹地府祭（30頁）來祈禱戰勝。

在陰陽師們的努力之下，「承久之亂」由鎌倉幕府大獲全勝，泰貞等人也領受了相當大的賞賜。另外義時也因此了解陰陽道的效用，之後便更加重用陰陽師。

世界大事
靖康之變

靖康二年（西元一一二七年）宋朝都城汴京被北邊的金國軍隊入侵，因此徽宗、欽宗與旗下的朝廷官吏三千餘人都被綁架到金國。宋朝（北宋）因此短暫滅國，但是高宗馬上在南京即位，以南宋政權延續王朝。

※3 鎌倉時代和將軍家締結主從關係的武士。
※4 為了消除天災或怪異之事而舉辦的陰陽道祭祀。

占卜一年吉凶的九曜

日、月、火、水、木、金、土這七曜星加上羅睺星和計都星都合稱為九曜。九曜占便是人們根據年分對到哪顆星，便決定該年運氣。而自己當年度是哪顆星，是由出生年決定的。出生當年到十二月為止算1歲，1歲就是日曜星、2歲是月曜星、3歲是羅睺星……以此類推，9顆星輪完以後就回到日曜星。

① 日曜星…一帆風順

② 月曜星…萬事低調即可順利

③ 羅睺星…惡星。最好不要輕舉妄動

④ 土曜星…吉凶各半

⑤ 水曜星…工作可獲利

⑥ 金曜星…易起紛爭

⑦ 火曜星…容易發生災禍的年分

⑧ 計都星…萬事皆惡

⑨ 木曜星…一切順利，但不可砍樹木

平安時代觀天象占卜吉凶的，並不只有陰陽師，還有宿曜師。宿曜道是起源於印度的古代東洋占星術，是作為密教領域的一脈傳來日本的，而用這種技術進行占星術的便是宿曜師，他們幾乎都是密教僧侶。

由於一樣都是觀天象之人，因此陰陽師和宿曜師幾乎可說是對立狀態。但是長於造曆的賀茂保憲（69頁）之子賀茂光榮，由於和宿曜師仁宗聯手，因此成功掌握造曆主導權，所以陰陽師和宿曜師之間曾有好一段和平日子。但是時間來到光榮之孫賀茂道平的時代，對於造曆已經相當有自信的賀茂家便與宿曜師斷絕關係，賀茂家也開始獨佔曆道，因此陰陽師與宿曜師再次成為對立關係。

鎌倉幕府同時重用陰陽師和宿曜

122

鎌倉時代的宿曜師們

活躍於鎌倉時代的宿曜師大多隸屬於天台宗的珍賀一派之人。文永四年（西元一二六七年）參加日蝕御修法的人有珍式、珍意、珍憲、聖算。應長元年（西元一三一一年）為後伏見上皇的女御西園寺寧子進行生產的祈禱時，也是珍幸執行七曜供（祭祀日、月、火、水、木、金、土七星的修法）。

牛宿（魔羯座）

當時的牛宿（魔羯座）的形狀

陰陽道使用的是道教系統的二十八星宿星圖，但宿曜道使用的是來自印度的二十七星宿星圖。二十七星宿是將月亮通過天空的白道均分成27個區域，因此和太陽通過天空的黃道二十八星宿會有落差，其中就少了牛宿（魔羯座）。

牛宿的神明具象化後的圖像。二十八星宿每個星座都各自被神格化。

空海（774-835）

又稱弘法大師。真言宗祖師。西元八〇四年以遣唐使身分前往大唐，由阿闍梨惠果傳授密教。將兩界曼荼羅帶回日本。

胎藏界曼荼羅

依據密教經典「大日經」描繪出來的曼荼羅。可經由大日如來的大慈悲引領走向開悟之路。

空海引進的宿曜道

宿曜道是平安初期時空海連同密教一起引進日本的東西。宿曜指的是密教的占星術，空海將占星術文本，也是宿曜道典籍『文殊師利菩薩及諸仙所說吉凶時日善惡宿曜經』由大唐帶回日本。上面寫著二十七星宿下人類的性格、命運、人際關係及占卜每天吉凶的占卜之術。平安中期撰寫了「源氏物語」的紫式部在故事中也曾寫到宿曜師占卜孩提時代的源氏，表示「成為帝王會亂國，還是當臣子好」。其後還有占卜源氏之子「將成天皇、皇后、太政大臣」的場景，宿曜師還頗常出場。

金剛界曼荼羅

依據「金剛頂經」描繪的曼荼羅。金剛指的是鑽石，金剛界就是有如鑽石般的真理領域。

師，尤其是與星星有關係的祈禱，似乎宿曜師還比較佔優勢。也比較常祭祀先前不存在於陰陽道中的羅睺星※1和計都星※2。

只不過到了應永二十四年（西元一四一七年），在平安時代末期由珍賀創建的宿曜道根據地「北斗降臨院※3」發生火災被燒毀以後，宿曜師就從歷史舞台上消失了。

世界大事
成吉思汗即位

鐵木真一統原先分裂的蒙古部族，在西元一二〇六年召開忽里勒台大會，成為蒙古帝國的大汗。由此時開始大家稱呼他為成吉思汗，建立起以中國為中心、遠至伊朗的大國。

※1 想像中的天體，在印度稱羅睺羅。被認為具有引發日蝕和月蝕的力量。
※2 想像中的天體。是月亮軌道面白道和太陽軌道面黃道的交會點。
※3 曾經存在於山城國愛宕郡（京都府京都市）的設施。

室町時代的陰陽師

密教五壇法所祭祀的五大明王

北方

金剛夜叉明王

不空成就如來的化身。雖然是會攻擊人類的魔神，但由於大日如來的威德而歸依佛教。

不動明王

明王當中地位最高者。大日如來的化身。是密教將印度教最高神明濕婆納入而成。

中央

西方

大威德明王

農耕守護神、也能向祂祈求戰勝，通常描繪成騎在水牛身上的樣子。阿彌陀如來的化身。

東方

降三世明王

所謂三世是指「過去、現在、未來」這三世。降伏這三個世界，為阿閦如來的化身。

軍荼利明王

寶生如來的化身。擊退所有邪惡之物、去除煩惱。

南方

密教和陰陽道彼此競爭、與政治結合，然後各自推出嶄新而有魅力的祭祀活動，來吸引天皇及貴族的注意力。

由足立尊氏開創的室町幕府將據點設置在京都，因此就直接採用了宮廷陰陽道（由陰陽寮主導宮廷中的陰陽道），不過掌握主導權的是沒有前往鎌倉的安倍泰茂等人。

尤其是在三代將軍足利義滿時代大為活躍的，便是安倍有世。他是當代赫赫有名的陰陽師，由於在永和四年（西元一三七八年）為義滿側室進行安胎祈禱而受到重用，之後成為義滿的專屬陰陽師而意氣風發。

明德二年（西元一三九一年）十月發生地震時，有世也曾占卜告知：「世上將有逆臣，不出七十五日便會有大亂，不過一日就會結束了。」結果十二月就發生了山名氏清引發「明德之亂」，而且一天就被鎮壓，幕府軍大勝。之後義滿又讓有世舉行只有天皇家才能進行的「五壇法」※1，此舉的目的在於利

124

晴明復生圖

閻魔大王　　不動明王

安倍晴明

真如堂中除了作為安倍晴明念持佛的不動明王像以外，還有一張掛軸（晴明復生圖），上面畫的是安倍晴明死去時，不動明王向閻魔大王要求要讓晴明復活的故事，而那時晴明得到了可以引導人類前往極樂世界的金印。金印是祕印，因此無法觀看，不過掛軸有定期開放供人瞻仰。

安倍晴明與不動明王像

京都的真如堂（京都市左京區）裡有一尊據說是安倍晴明念持佛的不動明王像。室町時代時晴明的子孫安倍有清希望能夠請回這尊不動明王像，因此裝進木箱裡要搬回宅子。但是來到鴨川之上，木箱忽然變得很輕，打開來發現竟然空無一物，原來不動明王像已經回到真如堂。因此後來就繼續安置在真如堂中。

仿造晴明從閻魔大王處拿到的金印製作的「五行之印」。真如堂的朱印上也有畫這個圖樣。

被納入能的陰陽道

室町時代由觀阿彌集大成的「能」，到了世阿彌所撰寫的『風姿花傳』發展得更加完善。而『風姿花傳』當中提到「一切應於陰陽調和之際方得成就」還有「時間應當區分為男時（做什麼事情都順利的陽時）及女時（做什麼事情都不順的陰時）」等等，都是與陰陽道思考有關的記述。

男面

十六之面。十六是平清盛外甥敦盛戰死的年紀。大多是天真無邪的少年面貌。

女面

增女之面。『羽衣』和『吉野夫人』等天女使用的面具。大多面容端正。

世界大事　李氏朝鮮成立

李成桂不光是戰勝了占領高麗都城開京的紅巾軍、又成功防禦攻來的元軍而斬露頭角，之後在西元一三九二年即位，成為李氏王朝第一位君主。李氏朝鮮之後延續了五百多年。

用貴族社會專屬的陰陽道，來向世間宣傳幕府的權威已經凌駕於朝廷之上。

之後有世一直高升到陰陽師史上最高地位的從二位非參議刑部卿才過世，從此以後有世的子孫一脈改家名為土御門家※2並且位列公卿，席捲陰陽道。

※1 五壇法是密教修法之一。在中央安置不動明王、東邊降三世明王、西邊大威德明王、北邊金剛夜叉明王、南邊軍荼利明王加以祭祀。
※2 賀茂家也有升至三位的賀茂在弘，孫輩改家名為「勘解由小路家」。到了室町時代，賀茂家和安倍家都成了公卿。

室町時代末期（15～16世紀）

困窘的陰陽師們

由戰亂的京城前往若狹名田庄避難的陰陽師

名田庄距離京城約50km

若狹灣

琵琶湖

位於福井縣西南方的山林地帶。現在福井縣大飯町一帶。據說是陰陽寮田的知行地（獲賞賜的土地）。

現存於名田庄的安倍家之墓

福井縣大飯郡大飯町有安倍家（土御門家）三代的墳墓。長期留在名田庄的有從陰陽頭職位退休的安倍有春及其子安倍有修等人。

現在仍會舉行陰陽道祭祀

福井縣大飯郡大飯町的土御門神道本廳會在每年立春那天舉辦「星祭」。祭壇在前方，施行「破魔弓鳴弦之儀」，做出朝天和地放箭的動作，祛除四方汙穢。

室町時代後半，發生了將軍家繼承問題，引發細川與山名兩家之爭的「應仁之亂」。由於這場戰亂以京城為舞台，是長達十一年、混亂如泥沼般的戰亂，因此京城成了一片廢墟、將軍家失去威嚴，陰陽道也陷入危機。對於陰陽師來說，作為收入來源的祭祀大量減少，也沒有人因為天地異變而請他們占卜吉凶。因為不管是公家還是武家，都沒有那個閒功夫。

接著在「應仁之亂」後馬上就進入戰國時代，就連將軍家都從京城逃走了，因此公家們也接二連三逃往鄉下。安倍家（土御門家）也沒辦法繼續住在京城，大多就留在領地若狹名田庄。不過此時曆書的需求增加了，因此不再用手抄寫，開始使用印刷版本來大量發送到民間，曆道之家賀茂氏由於大量印製曆

拉夫領
歐洲非常流行的領子，基督徒大名或者武士會穿戴。

勘解由小路（賀茂）在昌（1520?-1599）

耶穌會傳教士路易士·佛洛伊斯於西元一五六三年抵達日本，在他的著作「日本史」中提到有一位成為基督教徒的天文學者「AKIMASA」（譯註：即在昌）。

成為基督教徒的陰陽師

安倍家在有世的曾孫安倍有宣這一代開始正式改名為土御門家；而賀茂家則是由賀茂在貞和賀茂在長開始自稱為勘解由小路家。勘解由小路在富雖然有獨生子在昌，但他拋棄家業陰陽師，成為基督教徒並逃往九州，因此土御門在高被收為養子，改名勘解由小路在高繼承其後。不過紀錄顯示在昌後來又回到京城，並且受到宮廷重用。

走上藝能之道的陰陽師

隨著室町幕府的衰退，陰陽師也跟著凋落，而另一方面大量的民間陰陽師們則為了避開戰禍而逃往鄉下。在這些陰陽師當中，也有人成為唱聞師，表演猿樂或曲舞。他們擅長的劇目中最有名的便是小栗判官。他原先與照手姬是一對情侶，卻遭人毒殺，下地獄的時候由於閻魔大王同情他，因此化為餓鬼的樣貌回到世間，許多善意之人為他拉車，一路前往熊野之湯的峰溫泉，終於回復為原先的樣貌、與照手姬成親。這個故事便是隨著唱聞師到處遊走，而在民間傳播開來的傳說。

在小栗遭到毒殺以後，她被人口販子賣到各地，在旅館從事女傭等重勞動工作。為了要供養小栗，她會以瘋狂的姿態拖拉著餓鬼阿彌坐的車子。

照手姬

小栗（餓鬼阿彌的姿態）

被反對他與照手姬結婚的公主一族給毒殺，但在閻魔大王旨意下以餓鬼的樣貌回到現世。他被命名為餓鬼阿彌，被車子拉著、目標是前往熊野之湯。

書批發給摺曆座※1獲利，因此不需要離開京城，但是賀茂在富※2（勘解由小路在富）後繼無人，不得不從土御門家接個養子過來保住血脈，賀茂氏的直系血緣也就此斷絕。

世界大事 玫瑰戰爭

這是西元一四五五年到一四八五年間蘭卡斯特家族和約克家族圍繞著英格蘭王位之爭而發生的內亂。蘭卡斯特家族的家徽是紅色玫瑰、而約克家族的家徽是白色玫瑰，因此這場內亂便被稱為「玫瑰戰爭」。

※1 頒發曆書的業者組織的團體。
※2 賀茂在富（1490-1565）。賀茂家當家之人。領養安倍家的在高為養子。

戰國時代（16世紀）

戰國時代的陰陽師

將陰陽師利用在政治上的德川家康（1542-1616）

將土御門家、賀茂家兩大陰陽道宗家都置於德川支配之下。為了幕府穩定而使用陰陽道。

將陰陽師利用在戰爭上的織田信長（1534-1582）

雖然他是不相信占卜或詛咒的合理主義者，但在「長篠合戰圖屏風」這類作品中，就描繪類似陰陽師的人士參與軍議的情景。

徹底鎮壓的豐臣秀吉（1537-1598）

強制讓陰陽師們搬遷到尾張。這被稱為「狩獵陰陽師」。在這之前他也曾「驅逐唱門師」流放唱門師等民間陰陽師。

長篠之戰的陰陽師

在描繪西元一五七五年「長篠之戰」的「長篠合戰圖屏風」當中，信長的本陣內就有衣著出現「六芒星」的陰陽師們。也有陰陽師在結合兵法之後成為軍師，像是武田信玄的軍師山本勘助就很有可能是出自陰陽師體系的軍師。人稱「武經七書」的七種兵法書之一的「六韜」是天文占星術的一種，陰陽寮之人也會閱讀本書。

在陣羽織上縫有「六芒星」的陰陽師們。安倍家的家徽是「五芒星」，因此這很可能是和蘆屋道滿有關的民間陰陽師。

上述節錄參考齋藤英喜『陰陽師們的日本史』（KADOKAWA／角川學藝出版、2014年）製作。

勘解由小路家從土御門家接來養子，好不容易保住血脈，但那名養子在高齡年僅二十三便英年早逝，因此又迎來土御門有脩之子久脩作為養子。沒想到過不了多久，有脩就猝死，久脩只好恢復土御門姓去繼承土御門家。到頭來曆道的賀茂家和天文道的安倍家，這兩個陰陽道宗家的家業都由久脩一人繼承。

時間來到了文祿四年（西元一五九五年），豐臣秀吉懷疑外甥豐臣秀次謀反，因此命他切腹。此時久脩也遭受了池魚之殃，不僅領地被沒收、還被流放到尾張。他的罪名是受秀次委託詛咒秀吉的兒子拾丸（之後的豐臣秀賴），但真相不明。

秀吉將京都、大坂、奈良的百多位陰陽師都以開墾荒地之名義流放到尾張附近，由於這樣的鎮壓行

128

秀吉心中的陰暗面

豐臣秀吉原先並沒有孩子，因此決定要讓姊姊的孩子秀次繼承其位。但後來側室淀君生下了拾丸，因此有人認為秀吉還是想讓自己的孩子繼承，所以才策劃了秀次謀反事件。被認定有謀反嫌疑的秀次遭幽禁在高野山上，之後又被命令切腹，其妻與子共三十多人都在京都三條河原遭到斬首。

京都瑞泉寺還留有供養塔。秀次之妻、愛妾、仕女、孩子共三十九人在處刑後，遺體被丟進了河岸邊挖的洞中。那片土地上則擺上石櫃，裡頭裝的是先前自盡的秀次首級。石櫃上刻有秀次切腹的七月十五日和「惡逆塚」字樣。之後那石塚被鴨川沖走。西元一六一一年京都富商角倉了以偶然挖掘到秀次的墓碑，為了供養他而建立了瑞泉寺。

位於京都瑞泉寺的供養塔

開始為了江戶幕府而祈禱

因為德川家康而得以復活的陰陽寮，也為了幕府而每年施行巳日祓、夏越祓，也在將軍前往大內時為其施行身固，將軍上任時也會施行天皇即位時的天曹地府祭等，一手包辦朝廷與幕府雙方的國家祈禱與季節活動。

夏越祓

於六月初一舉行。據說原先是「中和」（原文為「和して」，讀音NAGOSHITE）的祓事，後來逐漸被稱為「NAGOSHI」（譯註：與夏越同音）。有時候會穿過茅草之輪（參考149頁）。

陰陽師將汙穢之物流放至河川

動，平安時代以後連綿不絕的宮廷陰陽道也在這個時候一度劃下了句點。

然而在秀吉死後，於關原之戰獲得勝利、進而取得天下的德川家康卻將久脩召回京城，陰陽道也得以復活。久脩在成為陰陽頭以後，也曾為家康、秀忠兩代將軍進行身固儀式。

接收西洋知識打造新曆

1680年代江戶一景

你的知識真令人驚訝

老師，這個星星的運行是……

渾天儀

江戶時代（17～18世紀）

土御門家統領全國陰陽師

土御門泰福（1655-1717）

土御門家中興之祖。受到身為朱子學者的山崎闇齋所提倡的垂加神道影響，創設了土御門神道（天社神道），打造全新的陰陽道體制。泰福的年紀雖然比春海小，但據說兩個人的關係非常好。春海製作的新曆法「貞享曆」也是春海先拜入土御門家之下，以土御門家傳授、陰陽寮上奏的方式才被採用。

澀川春海（1639-1715）

出生於幕府管轄下的圍棋機關「碁所」的宗家。學習曆學、數學並於吸收了西洋天文學後設立的幕府單位「天文方」工作。在此之前，每年製作曆書的都是陰陽寮。九世紀起採用的「宣明曆」至此時已經與實際天體運行產生兩天的誤差。為了修改曆法而三次上奏，於西元一六八四年（貞享一年）發行新曆法「貞享曆」。

安倍家（土御門家）合併賀茂家，並且一手掌握天文道和曆道，但日蝕和月蝕的日子誤差卻越來越多。元和四年（西元一六一八年）賀茂氏分流、統領全國唱聞師（63頁）的幸德井友景※1成為陰陽頭，先前獨佔陰陽頭與陰陽助的土御門家支配情況也蒙上陰影。

對此感受到危機的土御門泰福在盡力運作下，天和三年（西元一六八三年）靈元天皇下旨表示「陰陽道支配之事，今後皆交由安家（安倍家）處置」，且五代將軍德川綱吉也給予朱印狀，土御門家才再次獲得陰陽道本家的地位，同時得到頒發證照給全國陰陽師的權力。

向山崎闇齋※2和中川（荒木田）經晃※3學習神道的泰福，在其中加入了陰陽道的要素以後創立了獨樹一格的土御門神道。自此之後的土御

※1 室町時代向賀茂定弘學習的安倍友氏次男友幸於1419年成為定弘的養子，之後成為幸德井家第一代。
※2 山崎闇齋（1618-1682）儒學者、神道家。出生於京都的針灸治療醫家，15歲剃度出家但於29歲還俗。
　　提倡守護星統為主的垂加神道。

130

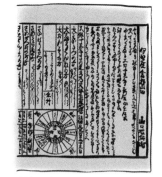

貞亨二年　伊勢曆

在伊勢地區發行的地方曆書。由伊勢神宮的御師（祈禱師）在全國行走販賣。地方曆是由各地的曆師製作的，西元一六八四年的伊勢曆在貞亨改革以後，內容便統一了。據說伊勢曆的發行數量超過兩百萬冊。

土御門家的天文儀器

由於靈元天皇的聖旨，造曆的權利歸土御門家所有，因此澀川春海才成為土御門泰福的弟子，在京都的土御門宅打造天文台、設置渾天儀、日晷鐘、仰儀、圭表儀等儀器來測量觀測日影。現在位於梅小路的圓光寺（土御門宅邸遺跡）裡，還留有當時使用的渾天儀底座，梅林寺則留有圭表儀的底座。

幕府掌握曆法、由陰陽寮切換至天文方

室町時代到戰國時代由於中央政府的權力減弱，因此由官方頒發曆書給地方的業務也因此停滯，各地方只好打造自己的曆書。但是西元一六八四年，澀川春海製作了「貞亨曆」以後，造曆和頒發曆書便由幕府的天文方掌控。澀川春海修改曆書，為那使用了八二三年的「宣明曆」劃下了終止符。同時陰陽寮也不再掌控曆法。

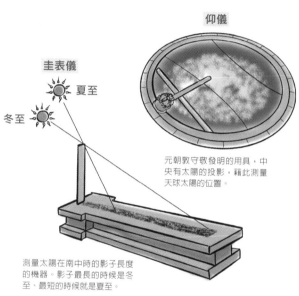

圭表儀

夏至

冬至

測量太陽在南中時的影子長度的機器。影子最長的時候是冬至、最短的時候就是夏至。

仰儀

元朝敦守敬發明的用具，中央有太陽的投影，藉此測量天球太陽的位置。

門家便切換為儒家神道系統※4的宗教家系。

之後泰福又收天文方（江戶幕府司掌天文曆等業務的職位）的澀川春海為徒弟，但他只是土御門神道的弟子，關於天文和曆學的部分其實是由春海來指導泰福，可見此時土御門家的天文和曆學相關知識，已經遠遠不及春海。

※3　中川經晃（1650-1724）神職人員、國學者。伊勢內宮的神官，伊勢神道之師。
※4　江戶時代以儒教來解釋、組織的神道理論。

留存至今的陰陽道活動

明治時代（19世紀以後）

陰陽道自舞台上消失

雛祭 起源是驅邪儀式巳日祓。將身體不適之處轉移到人偶身上，流放至河川。

江戶時代以後就不將人偶放到河川，而是拿來擺飾。

五色（黑(紫)、紅、白、黃、青(綠)）短箋的由來是陰陽五行說。

節分

起源為追儺（149頁）。是降伏鬼＝疫神的儀式。豆子代表食物、也象徵生命力。給出豆子就表示請對方離開人類世界、到其他地方。

七夕

起源為乞巧奠。在奈良時代被採用成為朝廷活動，祭祀中國傳說中的牽牛星和織女星。織女星是因為祈求裁縫技巧而有此名。

土御門家是唯一存續下來的陰陽家，江戶時代的土御門泰福為了延續家族發展，將神道的活動納入陰陽道中、提高其宗教性，成立了神道派系之一的土御門神道，因此陰陽道與神道的融合在江戶時代就開始了（參考130-131頁）。

非常熱中於接收西洋文明的明治政府，也極力排除江戶時代以前的古老日本文化與傳統。因此明治三年（西元一八七〇年），土御門神道的活動被判定為不符合文明開化的「邪教」，證照就遭到剝奪。到了第二年，又採用了屬於太陽曆法的格里曆※，所以土御門家的造曆權力也被撤銷。同時原先附在曆書上的「曆注」同樣被認定為迷信，全部遭到廢除。土御門家發出證照的各地陰陽師，也被剝奪了先前賜予的官名和帶刀權利，全部歸入平民的戶籍。

原先屬於公家機關、一直手握權力的陰陽道，就這樣從歷史上消失了。但是時至今日，我們還是會在意「在這天辦結婚典禮不太好」這類存在吉凶區分的日子、要是那年遭逢厄年就會去神社祉穢、在考試前

神道繼承的陰陽道

進入明治時代以後，陰陽師的重要工作之一造曆，被格里曆取而代之，但是宗教性質方面，大部分都由神道繼承了。在神社進行祈禱、授予符牌等，都是由過去的陰陽道體系承接而來。

陰陽師所包辦的祭祀活動遭到撤廢、在制度面廢止了陰陽道。不過，陰陽道時至今日依然根深柢固地存在於日本人的生活、思考方式、信仰基礎之中。

大麻
綁成一大串的御幣，可以祛除不淨之物。

六曜的意義

先勝	勝負較量、急事運氣好的日子。一般認為時間越早越好。
友引	所有事情都無法取得勝負之日。這天參加喪禮是禁忌。
先負	避免急事、最好也避免勝負較量。早上情況特別糟，下午以後會轉好。
佛滅	六曜當中最凶惡的日子。如果這天生病，會拖很久。
大安	六曜當中最好的日子。旅行、結婚等一切大吉。
赤口	赤舌神（掌管大惡及憤怒之神）會使眾人煩惱，因此萬事皆凶。

並未消失的曆注

陰陽道雖然被廢止了，但其實民間仍然繼續使用曆注中的十二直（19頁）「建、除、滿、平、定、執、破、危、成、納、開、閉」。此外，第二次世界大戰後，禁止陰陽道的法令本身遭到廢除，因此曆注當中的六曜（六輝）「先勝、友引、先負、佛滅、大安、赤口」也復活了。

去求個護身符還帶著去考試，沒錯吧。由施政者掌權的公家陰陽道雖然已經消滅，但已經在民間流傳開來的陰陽道思考方式和習俗，雖然現實中的樣貌已經有所變化了，卻依然還有很多形式留存在我們身邊。

世界大事
蘇伊士運河開通

西元一八六九年十一月十七日，蘇伊士運河開通了。此運河開通以前要從歐洲前往亞洲，必須繞過非洲的好望角才能抵達，不過蘇伊士運河開通以後，便能夠大幅縮短航海時間。

※格里曆是教皇格里十三世於1582年制定的太陽曆。現在幾乎所有國家都使用這份曆法。

自古流傳的「夜祭」

京都八坂神社的「祇園祭」、大阪天滿宮的「天神祭」、東京神田神社的「神田祭」被稱為日本三大祭，從白天起就會聚集很多觀光客、熱鬧紛紛。然而，日本的祭典最早大多在深夜舉行。這應該是因為夜晚是「眼所不能見之物」支配的時間，而神也是「眼所不能見之物」，因此被認為應該會在夜晚活動。

目前仍在夜間舉辦的祭典當中，最具代表性的便是在出雲大社的稻佐之濱舉辦的「神迎神事」。一般在出雲以外的地方會將十月稱呼為「神無月」，但是全國的神明會聚集到出雲去，因此出雲那裡是「神在月」，於「神在月」迎接那些齊聚一堂的神明，帶領祂們前往出雲大社，便是「神迎祭」。祭典是從晚開始的，到了夜晚，引領神明前進的龍蛇神會在隊伍前頭高舉提燈，從迎神路線前往出雲大社。從這個祭典也能夠明顯看出從前的人認為神明是在夜晚行動的。

除此之外還有秩父神社的「秩父夜祭」或大國魂神社的「くらやみ（KURAYAMI）祭」這類以山車隊伍為象徵神明移動、在夜間舉辦的祭典。此外還有高千穗神社的「夜神樂」和下鴨神社的「御生神事」等奉獻神樂歌舞給神明的活動，很多都會在夜間舉辦。

高千穗神社的「夜神樂」

秩父神社的「秩父夜祭」

第六章

用於實踐的陰陽道

陰陽道到了現今也依然深植於日本的風俗當中。本章會針對五行屬性、九星等占卜、陰陽食物的理論、對健康有益的穴道理論，以及與陰陽道有關的神社介紹等，解說現在也能對生活有所幫助的各種陰陽道理論。

結合五行與八卦的九星圖

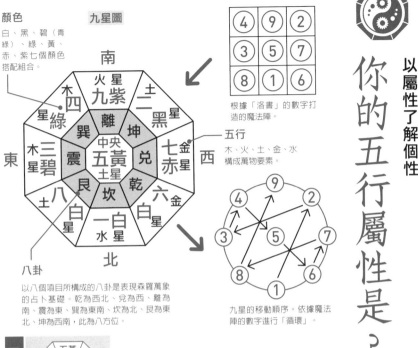

顏色
白、黑、碧（青綠）、綠、黃、赤、紫七個顏色搭配組合。

九星圖

南

火星九紫　離　巽

木星四綠

土二黑星　坤

金七赤星　西

東

木三碧星　震　中央五黃土星

艮　兌　乾

土八白星　坎

金六白星

一白水星　北

八卦
以八個項目所構成的八卦是表現森羅萬象的占卜基礎。乾為西北、兌為西、離為南、震為東、巽為東南、坎為北、艮為東北、坤為西南，此為八方位。

根據「洛書」的數字打造的魔法陣。

五行
木、火、土、金、水構成萬物要素。

九星的移動順序。依據魔法陣的數字進行「循環」。

一白水星之年

九紫　五黃　七赤

八白　一白　三碧

四綠　六白　二黑

九星圖將五黃土星置於中央，是最基礎的圖樣，但是九星圖的位置會每年有所變化。也就是說一白土星年的時候代表一白中宮，也就是一白會在中央；而二黑土星年則是二黑中宮也就是二黑會在中央；三碧木星年自然就是三碧中宮，三碧就會在中央。因此知道自己的九星當年在哪個位置，就會知道哪個方位吉利。

傳說中從洛水※中出現的烏龜，其龜甲上寫有「洛書」（81頁），如果將上面的數字填寫在九宮格當中，那麼直、橫、對角線加起來全部都會得到「15」。這在西洋稱為魔法陣，但在中國將此概念與「五行」及「八卦」結合在一起，打造出「九星圖」。由此而生的便是「一白水星、二黑土星、三碧木星、四綠木星、五黃土星、六白金星、七赤金星、八白土星、九紫火星」這九星。對應到每個人出生年月日的「九星」被認為會掌管那個人的命運，稱之為本命星。

要知道自己的九星，先將生日西元年分數字除以9，再用11扣掉除不盡的部分就可以了。比方說1997年出生的人，用1997除以9會餘下8無法整除，因此1997年出生的人是11－8＝3，

※流經洛陽南邊的黃河支流。

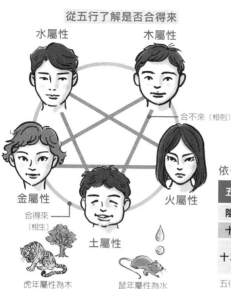

從五行了解是否合得來

水屬性　木屬性

合不來（相剋）

金屬性　　火屬性

合得來（相生）

土屬性

虎年屬性為木　　鼠年屬性為水

從『五行大義』看五行性格

用來作為陰陽師教科書的『五行大義』一書中說明木屬性的人性格誠實且正直優雅、火屬性的人高傲而激昂、土屬性的人寬大穩重而誠實、金屬性的人磊落，什麼事情都能自己解決、水屬性的人較為內斂穩重且具備理性及知性。

依干支區分五行屬性

五行	木		火		土		金		水	
陰陽	陰	陽	陰	陽	陰	陽	陰	陽	陰	陽
十干	甲	乙	丙	丁	戊	己	庚	辛	壬	癸
十二支	寅	卯	午	巳	辰戌	丑未	申	酉	子	亥

五行的屬性除了使用「九星」以外，也可以用出生年分的干支來區別。比方說2020年生的話就是「庚子」年，屬性便是「金與水」。

不同本命星適合的職業

一白水星 會仔細思考煩惱、很有耐性的人	教育者、作家、哲學家、印刷業、治療師	二黑土星 認真又溫合、能幫助他人的人	助產士、農家、軍師、土木相關、保育員
三碧木星 有行動力、對流行敏感的人	廣播員、音樂家、媒體、歌手、電力技術相關		
四綠木星 擅長讀取他人心情、喜歡照顧他人	外交官、業務、旅行業、貿易公司、運送業	五黃土星 有野心和企圖心、能發揮能力之人	總統、總理大臣、國王
六白金星 具有高貴的靈魂、持續活動之人	運動員、工程師、貴金屬業、汽車相關、政府單位		
七赤金星 擅長說話且樂天、會讓周圍的人感到開心	牙醫、藝人、律師、設計師、餐飲業	八白土星 冷靜沉著、無論發生什麼事都不受動搖	神主、不動產、飯店業、僧侶、力士
九紫火星 有高品味、情感豐富之人	演員、藝術家、美容相關、警察、攝影師		

以風水提升運氣
玄關

玄關在風水學之中是「運氣出入口」，朝南或東南方開會比較好。但是「每天打掃乾淨」、「不要放多餘的東西」、「擺設燈光使其明亮」等方法也能提升運氣。

本命星是「三碧木星」而五行屬性為「木」。另外若將自己的屬性搭配「五行相剋（77頁）」和「五行相生（77頁）」的概念，就會知道「三碧木星」和「火」及「土」的人不太合；而與「水」和「火」的人關係比較好。不過也不一定因為「相剋」就完全無法相處，還是有可能切磋琢磨互相提升。

何謂吉利方位範圍

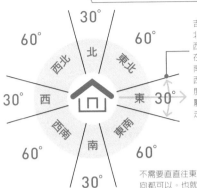

吉利方位不是照著東西南北、東北、東南、西北、西南的方向直線而去，存在一定寬度。也就是東西南北30度；東北、東南、西北、西南60度的角度寬度都算在該方向內，只要屬於該方向的範圍，往哪邊走都是可以的。

不需要直直往東邊走，而是30度之內的方向都可以。也就是說從東京往東為吉方的話，那麼除了正東方的船橋市以外，稍微偏南北的柏市和千葉市也都可以。

吉方只是個大概

往最吉利的方向旅行吧！

九星告知吉利方位

由生日年分對照本命星一覽表

一白水星	二黑土星	三碧木星	四綠木星	五黃土星	六白金星	七赤金星	八白土星	九紫火星
1945年	1944年	1943年	1942年	1941年	1940年	1939年	1938年	1937年
1954年	1953年	1952年	1951年	1950年	1949年	1948年	1947年	1946年
1963年	1962年	1961年	1960年	1959年	1958年	1957年	1956年	1955年
1972年	1971年	1970年	1969年	1968年	1967年	1966年	1965年	1964年
1981年	1980年	1979年	1978年	1977年	1976年	1975年	1974年	1973年
1990年	1989年	1988年	1987年	1986年	1985年	1984年	1983年	1982年
1999年	1998年	1997年	1996年	1995年	1994年	1993年	1992年	1991年
2008年	2007年	2006年	2005年	2004年	2003年	2002年	2001年	2000年
2017年	2016年	2015年	2014年	2013年	2012年	2011年	2010年	2009年
2026年	2025年	2024年	2023年	2022年	2021年	2020年	2019年	2018年

其實「九星」並不是固定的，由於是按照洛書的魔法陣數字進行「遁甲」（依照大氣運行、氣流來循環），因此吉利的方向也會隨著當年及月日產生變化。所以每一年、每一月，吉利的方向都會不一樣。

生年的「九星」稱為「本命星」，出生月份的「九星」稱為「月命星」，而從「本命星」及「月命星」和「五行」的相生關係，可以引導出該年及月的吉利方位。對「本命星」和「月命星」都好的方位是「最大吉方」；只有「本命星」為吉的話就是「大吉方」。另外據說移動到吉方的時候，越遠效果越好。最近只要在網路上查一下就能夠知道「本命星」和「月命星」，如果想去旅行或者搬家，也可以使用這類網站找出吉

	方位	如何不好
五黃殺	方位盤中「五黃土星」運行的方位。但若它在中宮的時候就沒有五黃殺。	搬家或旅行到「五黃土星」前進的方向會發生不好的事情。
暗劍殺	方位盤中「五黃土星」運行方向的正對面。若「五黃土星」在北邊，那麼南邊就是暗劍殺。	會發生自己無法預防、被動性的災害。
歲破・月破	當年十二支的正對面是「歲破」；該月十二支的正對面是「月破」。	如「破」字，事物無法整合穩定。
本命殺	自己「本命星」運行的方位。	健康容易發生問題。
本命的殺	自己「本命星」運行方位的反方向。	健康容易發生問題。
小兒殺	每年每月不同。	只適用於年幼的孩子。容易發生疾病、受傷。

依照九星算出的凶方位

「九星」移動以後會改變運氣，因此除了有些方位會變吉利以外，也有些方位會轉凶。凶的方位便稱為「凶殺」。大的「凶殺」有萬人共通的「五黃殺」、「暗劍殺」、「歲破・月破」，以及根據個人本命星與月命星不同而產生的「本命殺」、「本命的殺」、「小兒殺」。

星象變化自太古以來就是人類的生活指針。生活在現代的我們或許已經不太需要根據星象變化來受限於吉凶了。

吉利方位最棒的便是溫泉！

如果要前往吉利方位旅行，最好去泡個溫泉。溫泉當中包含了「木（植物成分）」、「火（火山的熱）」、「土（由土中通過）」、「金（礦物成分）」、「水（溫泉水）」也就是「五行」的所有成分，因此是五行中最力量最強的地方。

五行中力量最強的就是流動性溫泉。特別推薦具備木力量的草津或伊香保溫泉。

以風水提升運氣
提升工作運

如果想要提升工作運，基本上要納入「木之氣」。如果書桌是塑膠製的，也可以更換為木製品。另外「木之氣」是青色的，把工作上使用的小束西換成藍色或者綠色，效果也不錯。

利的方位作為參考。若是前往旅行，可以在旅行地點食用符合「陰陽五行」的當地名產、購買吉利顏色的紀念品等，應該更能提升效果。這裡要特別推薦給大家的就是拿到吉利方位的天然湧泉水。可以裝在保特瓶裡面帶回家，這樣能夠延續幸運效果。

陰陽食物

冷天吃陽性食物、熱天吃陰性食物

陰性食物　　　　　　　陽性食物

香蕉
香菇
茄子
番茄
蜂蜜
蓮藕
沙丁魚
芝麻
章魚
紅蘿蔔

為了控制情緒，可以攝取對應「五行」的食物。比方說覺得煩躁時，就多吃一點青（綠）色蔬菜；興奮的時候就吃紅色的番茄或西瓜；煩惱的時候攝取蛋黃或玉米這類黃色食物；悲傷的時候吃蘿蔔或梨子等白色食物；害怕的時候就多吃海藻、黑豆、蕎麥這類黑色食物。

陰陽道基礎中的「陰陽五行說」後來也被東洋醫學納入其中，成為「醫食同源」的思考方式。首先，食物區分為「陰性食物（會溫熱身體）」和「陽性食物（會冷卻身體）」這兩種，可以配合自己的體質和當天身體狀況來進行「陰陽」調整，補充身體不足的東西。

比方說適逢炎熱盛夏的時候因為「陽性」較強，所以就吃些能夠冷卻身體的茄子、番茄、蜂蜜、香蕉、香菇等「陰性食品」會比較好；相反地若是天氣寒冷，就吃些芝麻、紅蘿蔔、蓮藕等「陽性食品」會比較恰當。如果想簡單地區分一下，那麼夏天能取得的夏季蔬菜，以及在比較炎熱的南方所生產的水果大多是能冷卻身體的「陰性食物」；冬天能吃到的蔬菜和生長在寒冷地帶的水果等，大多是能溫熱

紅 辣椒、紅蘿蔔、番茄

青 菠菜、高麗菜、海帶、昆布

黃 南瓜、蛋黃、柿子、橘子

白 米、魚貝類、馬鈴薯

黑 黑豆、牛、豬、黑米

五味五色食材範例

這些添加「陰陽性質」的食物也能夠使用「五行」來區分。也就是「木（酸）」、「火（苦）」、「土（甜）」、「金（辣）」、「水（鹹）」這「五味」；以及「木（青綠）」、「火（紅）」、「土（黃）」、「金（白）」、「水（黑）」這「五色」，平均攝取這些食物能夠更加健康。韓國的宮廷料理當中，就完全反映出這個「五味五色」的思考方式。

九節板

韓國傳統宮廷料理。在八角形的容器當中盛裝五種顏色的八類炒蔬菜，放在中央的煎餅上享用。

食物陰陽表

陰性			中庸			陽性
紫	藍	青	綠·白	黃	橙	紅
辣	酸		甜		鹹	苦
茄子 番茄 香菇 馬鈴薯 香蕉 鳳梨 葡萄 哈密瓜 梨子 山葵 胡椒 辣椒 　　豆漿 蜂蜜 　咖啡 　威士忌	芋頭 地瓜 竹筍 蒟蒻 豆腐　大豆 橄欖油 　西瓜　柿子 生薑 　日本酒 　啤酒 紅糖	玉米 天然酵母麵包 麵線 　　白米 菠菜 草莓 橘子 　　　蔥 納豆 　白芝麻 紅茶 山茶花油 　水	麵粉 玄米 高麗菜 義大利麵 小松菜 白菜 蘿蔔 昆布 海苔 海帶 鹿尾菜 涼粉 蘋果 炸豆腐 紅豆 焙茶	南瓜 稗 粟 洋蔥 海藻 蓮藕 鰻魚 烏賊、章魚	紅蘿蔔 蜂斗菜 牛蒡 螃蟹 比目魚 醃蘿蔔（黃） 起司	蒲公英根 山藥 鯛魚 鮭魚 沙丁魚 梅干 味噌 醬油 鹽巴

※資訊來源：日本CI協會　　　　　　　　　　　　※排列順序並非固定，會依據產地及烹調方式而有所不同。

身體的「陽性食物」。

另外這類陰性和陽性食物，有很多搭配在一起就會中和，因此冬季寒冷的時候若想要吃茄子（陰性食物），可以多搭配一些屬於陽性調味料的味噌來做成茄子田樂，如此一來就不用擔心身體過寒，可以吃得美味又健康。

五行與臟器

「五行」也與人類的臟器相關。「木」為「肝臟、膽、經脈、眼睛」；「火」為「心臟、小腸、血管、舌頭」；「土」為「脾臟、胃部、肌肉、口」；「金」為「肺部、大腸、皮膚、頭髮、鼻子」；「水」為「腎臟、膀胱、骨骼、耳朵」。

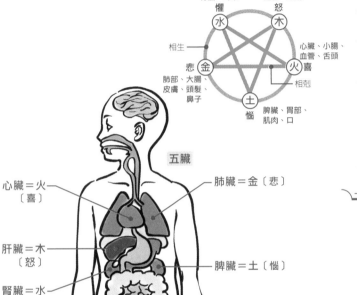

腎臟、膀胱、骨骼、耳朵
懼
水

肝臟、膽、經脈、眼睛
怒
木

相生

悲
金
肺部、大腸、皮膚、頭髮、鼻子

心臟、小腸、血管、舌頭
喜
火

相剋

惱
土
脾臟、胃部、肌肉、口

五臟

心臟＝火〔喜〕

肺臟＝金〔悲〕

肝臟＝木〔怒〕

脾臟＝土〔惱〕

腎臟＝水〔懼〕

五臟指的是肝臟、心臟、脾臟、肺臟、腎臟。五臟和五行也息息相關，脾臟為中心，會影響其他四臟。

喜怒哀樂也由五行控制？

五行與情緒

人類的臟器也有「五行」的相生相剋關係。「木・怒」、「火・喜」、「土・惱」、「金・悲」、「水・懼」這些情緒，也被認為是由五行對應的臟器而生。

比方說「怒」與「木」屬性的「肝臟、眼睛」相關，因此過於憤怒會傷肝、也會引發眼睛充血。若是太開心興奮那麼也會對屬「火」的「心臟」造成負擔。過於煩惱時會傷到「土」的「脾臟」，導致胃部狀況不佳。過於悲傷會損及「金」的「肺部」，甚至造成白髮及皮膚皺紋。過於懼怕則對「水」的「腎臟」有不良影響，很容易有腰痛、尿失禁、疲勞感等症狀。

142

按壓穴道 控制身心

中國兩千多年前就存在著穴道治療。東洋醫學當中將生命能源稱為「氣」，氣流經人體的路線為「經絡」。而經絡要點也就是氣的出入口有「經穴」，也就是穴道。由於經絡與臟器相連，因此按壓穴道可以調整氣的流動。

頭痛、眼睛疲勞

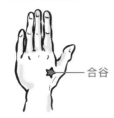

合谷

拇指與食指中間稍微凹陷之處。可以像是按到裡面那樣按下去。除了治療頭痛和眼睛疲勞以外，也可以預防感冒，對生理痛、牙痛等也有效，是非常好用的穴道。

腰痛、膝蓋痛

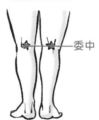

委中

位在膝蓋內側正中央，如果忽然腰痛或膝蓋疼痛時，可作為緊急處置。輕輕屈膝用中指按壓的效果也很好，或者可以夾一顆網球。

腰痛

腰陽關

位於腰骨和背骨交會處的背骨與背骨之間。對於調整骨盆歪斜、腰痛及消化不良有所幫助。因為在背骨中間，所以不能按太用力，也可以撫摸加溫。

眼睛疲勞

晴明

位於眼頭和鼻骨之間，可以用兩手食指按壓刺激。除了對眼睛疲勞有效以外，也能夠減緩黑眼圈的症狀。

壓力

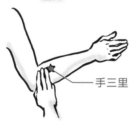

手三里

位於彎曲手肘後大約三指寬處較細的骨骼內側。這是對於消化器官有幫助的穴道，不過如果打不起精神、或者是因為煩惱而睡不著覺的時候也很有幫助效果。

肩頸僵硬

天柱

位於頸部後方兩條筋和頭蓋骨交接之處，大約就是頭顱根部的穴道。可以用兩手捧著後腦勺往上，將拇指向上推來按這兩個穴道。除了放鬆僵硬的肩頸以外，對頭痛、眼睛疲勞有效，是對於解除辦公桌工作疲勞非常有效的穴道。

以風水提升運氣 提升戀愛運

對於提升戀愛運有所幫助的顏色是紅色、橘色、粉紅色等。

紅色是熱情如火的激烈戀情、橘色可以帶來相遇的機會、粉紅色則能夠提升結婚運。可以試著將這類顏色的東西納入生活當中。

恢復疲勞

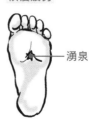

湧泉

位於腳部食指和中指骨骼之間、朝向前腳底的中間一帶凹陷位置。具有恢復疲勞、提升體力的效果。又被稱為長生穴道。可以用拇指去按壓，如果覺得強度不夠，也可以用高爾夫球。

畏寒

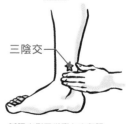

三陰交

腳踝內側四指寬上方有肝臟和腎臟的穴道。這對於改善畏寒也有所幫助，因此被認為是治療畏寒的穴道。

※按壓穴道不可以太過用力，大概是覺得有點痛的程度按壓5秒之後放開5秒，重覆幾次即可。

神聖的步行法

陰陽師會將膝蓋提高高地走路。大反閇會拿弓、中反閇拿太刀、小反閇會帶著笏行走。

笏

能樂劇目『道成寺』的亂拍子

只有仕手（能樂中的主角。『道成寺』這部作品中是白拍子）的足拍子和小鼓配樂的特殊舞蹈。

能樂劇目『翁』

『翁』通常被認為「既是能又不是能」，是最接近神事的劇目。

『小反閇作法』當中的禹步走法

9天應　8天任

7天柱

5天禽　6天心

4天輔

3天衝　2天內

1天蓬

左腳　右腳

藉由走路來祛邪　陰陽道的反閇

反閇又稱為禹步，是由一種拖著步子走路的特殊步法（參考次頁），再另外加上由陰陽道占卜術之一的遁甲式占（占卜方法的一種）衍生的玉女反閇法這種祭祀方式結合在一起產生的。玉女眾說紛紜，但大多認為是天神之母，能夠寄宿在人體內、透過道士的祈禱向天界祈求事情的特別女性。反閇後來演變為藝能，能樂和民俗藝能都會踩這種步伐。這在能樂『道成寺』的亂拍子和『翁』、『三番叟』的足拍子特別明顯。

反閇是天皇外出視察或貴族搬家、受封而要前往領地時，為了踩踏邪氣及惡靈藉此保護自己，而由陰陽師施行的咒法。反閇有大反閇、中反閇、小反閇三種，以下介紹的是『若杉家文書』當中的小反閇做法。

首先場所是在要踏出的門前進行。探詢五氣、擊響三次鼓來迎接各式各樣的神明，然後依序唱誦天門咒、地戶咒、玉女咒、刀禁咒之後，劃縱線4條、橫線5條的「九字」，再使用北斗七星加上輔星與弼星※的「遁甲九星」這種特殊步法行走，唱誦反閇咒，然後再走6步。

永延元年（西元九八七年）二月十九日，安倍晴明於一條天皇搬遷到清涼殿的時候曾施行反閇，三月又在藤原實資搬家的時候施行反

相撲的四股

陰陽師施行的反閇目前仍留存在日本文化當中，那就是相撲的四股。平安時代的相撲是名為「相撲節會」的宮中季節活動，因此在開始之前都會有陰陽師施行反閇。後來陰陽師遭到廢除以後，力士們只好自己來做這件事情，逐漸演變為四股，意義上是踏踩地板驅除邪氣、呼喚吉祥。

禹步

日本的反閇原先來自中國的「禹步」。據說是源自中國夏朝的始祖、竭盡心力治水的大禹的走路方式，在葛洪的『抱朴子』當中表示這是一種要入山時、或者前往採取仙草、希望長壽與預防疾病時用的咒法。現在中國也有很多人把這當成健康步行法。

為求健康踩踏四股

① 打開雙腳、
　腰部下沉

② 將身體重量
　移到單邊的腳上

③ 伸展支撐
　體重的那隻腳，
　並抬起另一腳

④ 稍微靜止後
　將抬起的腳放下，
　同時腰部再次下沉

禹王

古代中國傳說中的夏朝始祖禹，為了治水相關調查而往來各地山川。結果腳逐漸出現問題，只好拖著腳步伐走路。而他這種走路方式就成為禹步的原型。

閇。之後每當天皇要外出視察，就會施行反閇，只要有移動就會找來陰陽師施行反閇成了慣例。另外若是一定得在非吉日時外出，也一定會找來陰陽師施行反閇，然後要出門的天皇和王公貴族，就會跟在陰陽師後面，隨著他的足跡走

以風水提升運氣 提升健康運

提升生命力的方位是「西南」，因此將寢室放在這個方向，便能在睡覺的時候補充能源。另一方面，「東北」被稱為鬼門，是疾病及災禍進入的方位，保持這個地方的清淨能夠預防疾病降臨。

與陰陽道有關的 日本全國神社

① 出羽三山神社
山形縣鶴岡市羽黑町手向字手向7

由月山神社、出羽神社、湯殿山神社構成的修驗道勝地。

位於羽黑山的五重塔。國寶

③ 秩父神社
埼玉縣秩父市番場町1-3

此神社祭祀的是由北極星神格化的星之神明妙見。

妙見菩薩

② 神田明神
東京都千代田區外神田2-16-2

祭祀最強怨靈平將門的神社。

④ 八雲神社
神奈川縣鎌倉市山之內585

有安倍晴明為了祛邪而擺放的「晴明石」。

⑤ 名古屋晴明神社
愛知縣名古屋市千種區清明山1-6

流傳著安倍晴明擊退蝮蛇的傳說。

晴明石

　最近媒體常將神社稱為能量點，不過古老神社建造之處，經常也都是土地本身具備相當程度力量的地方。

然而也不是隨便去哪間神社都行，參拜的時候也必須要多加注意。就像每個人的五行屬性因人而異，神社也具備各自的五行特性。也就是說，每個人都會有適合和不適合前往的神社。

如果不確定五行屬性，那也可以直接前往該神社、現場感受一下是否心情愉悅舒適，這樣就能確認彼此的契合度。只不過，這樣還不如一開始就先查好自己的五行屬性，調查適合前往的神社以後再過去。

另外也可以看自己少了哪種力量，前往能夠補充該五行能量的神社參拜。又或者可以選擇自己吉利方向上的神社。

⑥ 土御門神道本廳

福井縣大飯郡大飯町名田庄納田終129-9

繼承了由安倍晴明的子孫土御門家發起的土御門神道。

現存於名田庄的安倍家之墓

⑦ 晴明神社

京都府京都市上京區晴明町806

祭祀安倍晴明的神社。

⑧ 御靈神社（上御靈神社）

京都府京都市上京區上御靈竪町495

祭祀那些神泉苑御靈會上祭祀的怨靈們。

⑪ 出雲大社

島根縣出雲市大社町杵築東195

11月（舊曆10月）全國神明會聚集到此地。以締結緣份聞名。

神樂殿上的大注連繩

⑨ 信太森葛葉稻荷神社

大阪府和泉市葛之葉町1-11-47

與安倍晴明的母親白狐（葛葉）有關的神社。

⑫ 太宰府天滿宮

福岡縣太宰府市宰府4-7-1

菅原道真死去之地。全國天滿宮的總本宮。

⑩ 熊野本宮大社

和歌山縣田邊市本宮町本宮

平安時代有著「螞蟻隊伍熊野參拜」（意指聲勢浩大）之稱，是非常受歡迎的地方。

大齋原有日本最大的鳥

當然就算是不太適合的神社，也不是就不能前往。有時候不適合的神社，也可以因此獲得「粗暴治療」的力量。無論如何，前往神社參拜的時候，最重要的就是不忘遵守禮儀以及維持虔敬的心情。

以風水提升運氣
提升家族運

如果希望家庭圓滿的話，那就要注意客廳。要提升家族運，最好是讓客廳朝東，若在其他方位，那就擺放能夠彌補各方位弱點的東西，讓負面能量轉為正面。

與陰陽道有關的 例年活動與祭祀

自古以來舉辦的祭典和例年活動當中，也有許多與陰陽五行息息相關（132頁）。尤其是屬於陽數的奇數重疊的日子，像是一月一日，還有一月七日、三月三日、五月五日、七月七日、九月九日，這所謂的「五節句」都是非常重要的節日。

三月三日 上巳節日

人偶

三月最初的巳之日（上巳）會在河流上施行禊祓，放流「人偶」。這個「人偶」又被稱為「天兒」或者「這子」，據說就是現在女兒節人偶的原型。

一月一日 四方拜

在四幅屏風圍繞的區域當中擺放座位。

這是天皇向天地四方神明祈求國家安泰的儀式，於早晨寅時（四點左右）於清涼殿東邊庭院舉辦。現在也還是皇室的非公開活動，每年會由天皇執行。

五月十五日 葵祭

花傘

命婦

又稱為賀茂祭，在舊曆四月的酉之日舉辦。平安時代提到「祭典」通常就是指賀茂祭。身為齋王的內親王會在賀茂川執行完禊事以後，前往上賀茂及下賀茂兩個神社奉幣，而其隊伍相當豪華，因此會有觀眾蜂擁而至。

五月五日 端午節（節會）

競馬神事

原先五月的五日被認為是不好的日子，為了要祛除邪氣，因此天皇將菖蒲裝飾在冠上、並且賜予粲臣藥丸。在宴會後或舉辦騎射或賽馬。目前已經演變為神社的活動，正是上賀茂神社的「競馬神事」。

七月十七日～二十四日
祇園祭

山鉾

以前稱為祇園會，在舊曆的六月七日到十四日舉辦。這是驅除疫病的祭典，也是為了鎮壓那些讓疫病流行的怨靈們而辦的御靈會。現在祇園祭中最具代表性的山鉾巡禮，是從室町時代開始的。

七月七日
七巧（乞巧）

朱漆高桌

祭祀牽牛與織女，祈禱裁縫、詩歌、音樂等演藝活動表現傑出。平安時代會在清涼院的東邊庭院擺放四張朱漆高桌，上面擺有鏡子、香爐等，還放了梨子、棗子、桃子等各種水果。在竹子上綁短籤來裝飾的習俗，是從江戶時代開始的。

六月三十日
夏越之祓

茅輪

祓去半年的穢氣、祈禱接下來的半年健康及消災解厄的儀式。為了要祓去災厄，要一邊念誦「水無月夏越，行祓事之人，可延命千歲」，以畫出一個8字的順序穿越三次「茅輪」。

十二月除夕
追儺

方相氏

又稱為「鬼遣」，是驅離邪鬼及疫病神的儀式。陰陽師會朗誦祭文，戴著四眼面具的方相氏後面會跟著侲子，同時擊響矛與盾，而被挑選上的貴族則使用桃木弓射出蘆葦箭。江戶時代以後變更為在二月的節分時舉辦此活動。

九月九日
重陽節

浮有菊花花瓣的菊酒。

在陰陽理論之中奇數為「陽」，其中「九」是最強的數字。而「九」重疊的日子被認為是能獲得長壽力量的日子。朝廷會將重臣聚集在紫宸殿，舉辦賞菊的宴會。宴會上會飲用祈禱不老長壽的「菊酒」，因此又稱為「菊花節」。

物部村的いざなぎ流

令人感到懷念的いざなぎ流儀式

いざなぎ流的太夫們會在祭典上唱誦「祭文」，據說這是講述眾神起源和由來的神話。最基礎的祭文是「いざなぎ祭文」，內容如下。從前住在日本大王島上的公主天中姬從7歲起便學會了占卜。但是她不了解祈禱方式，因此拜天竺一位名為いざなぎ大神的祈禱名人為師。大神佩服公主聰明又具備才能，因此傳授她いざなぎ流中最高集的祈禱法「弓祈禱」，之後便在日本傳開來。

上述簡介參考小松和彥『咒與日本人』（KADOKAWA／角川學藝出版，2014年）製作。

花笠
舞神樂
御幣
神樂進行時的太夫姿態為淨衣（白袍）並戴著花笠。揮舞御幣、搖響錫杖鈴。花笠的邊緣會垂掛五色紙，幾乎看不見舞者的臉龐。

淨衣
錫杖鈴

身為いざなぎ流祈禱師的太夫們，有時會稱呼自己為「博士」。

會製作各式各樣的御幣、人偶擺設在祭壇上。太夫們會進行米占、舉辦招待神明的神樂。舞神樂指的是神樂終盤時跳的舞蹈。

法枕
幣帛

分發「すそ（咒詛）」

「すそ」是包含物質上的不清淨、憎恨、嫉妒等所有負面情緒。為了不要讓「すそ」堆積在家裡或村中，就必須要除去。這就是「分發」。會使用「法枕」和「幣帛」這類祭祀用品，請太夫們閱讀祭文。讓「すそ」附在幣帛上，再用繩子綁起來。

由於明治政府廢止陰陽寮，因此官僚陰陽師也消滅了。但在室町時代就擴散到全國各地的民間陰陽師當中，也有一些是與江戶時代土御門神道整合的陰陽師們毫無關係、模式有所變化而存續下來的陰陽師。

土佐國物部村（高知縣香美市物部町）現存的「いざなぎ（IZANAGI）流」就是這類民間陰陽道進化以後，一直傳承至今的形式之一。

「いざなぎ流」是由被稱為「太夫」的人進行各種祈禱，而他們的祈禱當中也殘留著許多濃厚的陰陽道要素。

比方說「太夫」會使用「式法」來為生病的人治療，也被認為能夠利用詛咒來殺死他人，這種思考方式就像是過去的人們對陰陽師抱持的看法。另外，「いざなぎ流」的

沖繩的陰陽師，ノロ和ユタ

沖繩過往是琉球國，有著和日本不同的文化，但他們也存在與日本官僚陰陽師或者民間陰陽師類似的人，就是ノロ（NORO）和ユタ（YUTA）。ノロ是琉球王國支配下的女性官僚神官，而ユタ則是類似民間祈禱師。在琉球國滅亡以後，雖然ノロ就消失了，但是目前沖繩仍有ユタ的存在。這點也和官僚陰陽師與民間陰陽師非常相似。

ノロ

也可寫作祝女。在琉球王國當中有相當完備的相關制度，統領聚落的祭祀活動。就任ノロ的女性要拜領王給予的任命書，同時獲得領地。

ユタ

一般都是女性，但也有少數男性ユタ。在沖繩、奄美群島會將靈魂稱為「まぶい（MABUI）」。人們認為如果遭逢溺水意外，靈魂就會離開身體，因此會找來ユタ進行「まぶいこめ（MABUIKOME）」這種招魂儀式。

御幣的由來

在神社等處看見的「御幣」，原先是使用木頭夾住「幣帛」獻給神明的「供品」。過去若是陰陽道占卜結果發現是神明作祟，就會依據對應神社進行奉幣，而奉幣就是供奉「幣（紙）」和「帛（布）」給神明的意思。之後變成在「供品」木頭夾住的布料兩邊垂掛長長的紙條。由於紙張過去是非常貴重的東西，因此紙張比夾著的布料更為重要，最後就變化為現在的「御幣」。

式人形之幣

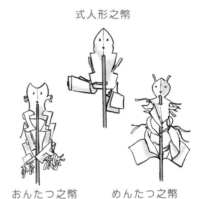

おんたつ之幣

おんたつ（ONTATSU）是河神的部下。

めんたつ之幣

めんたつ（MENTATSU）也是河神的部下，是おんたつ之妻。

いざなぎ流有超過五百種御幣。這是只用一張紙剪出來、給神明寄宿的附身物品。不同用途也會有不同樣貌。儀式結束以後就會丟掉。

祈禱當中有一種叫做「分發すそ（SUSO・咒詛）」的流程，非常重視在儀式之前驅除汙穢之物，這點也和陰陽道的治療咒術及手法非常相似。太夫也會使用「式王子」作為使役靈，這應該也和陰陽師的「式神」有相當程度的關係。

以風水提升運氣 心靈斷捨離

要以風水提升運氣，最重要的就是「不能讓氣停滯」。為此必須打掃房間，丟掉不需要使用的東西才行。這也是為了不要讓思考過於固執，讓心情能夠像水一樣流動，也就是「心靈斷捨離」，這點很重要。

地獄介紹

隨著佛教傳入，人們也逐漸相信教義裡面所提到的「地獄」。

最有名的就是在「天道、人間道、修羅道、畜生道、餓鬼道、地獄道」之間輪迴轉生的「六道輪迴」概念中的「地獄」。人類在死後，會度過「三途之川」接受閻魔大王的審判，罪孽深重之人會被打下地獄。

根據人類活著的時候所犯下的罪孽種類不同，地獄也區分為好幾種。

如果犯殺生之罪的人會被打下「等活地獄」，在這裡人類要互相殘殺，同時無論被殺死幾次都會復活，就這樣處在循環的痛苦當中。如果犯了殺生之罪另外還行偷盜的話，就會被打入「黑繩地獄」，罪人會被燒燙的鐵繩綑綁、然後背負燒燙的鐵山從鐵繩

上走過，即使掉下去摔個粉身碎骨也要重複這個行為。若是姦淫之罪，就會被打入「眾合地獄」，遭到幻覺中的美女誘惑而走進劍葉林中而全身遭到切割，然後被鐵製的巨象踏扁。

除此之外還有使用毒酒殺人或陷害他人之人會下「叫喚地獄」；說謊、殺生或偷盜、行淫邪者會下「大叫喚地獄」；行惡事並且反對佛教、阻擋教義推廣者會下「焦熱地獄」等等，有各式各樣的「地獄」。

天道
天上眾神居住的世界。天界的居民也會在面臨天人五衰的痛苦後死亡。

地獄道
為了償還罪孽而在此受到各式各樣痛苦的地獄世界。

人間道
人類居住的世界。有生老病死各種苦惱。

六道
依據生前業障輪迴生死的六個世界

餓鬼道
生前無所施，因此死後也不能吃喝，為飢餓所苦。

畜生道
依本能及欲望而活就會被打入此道。成為畜生苦於勞役。

修羅道
充滿憤怒與戰爭的世界。居住著憎恨之鬼神阿修羅。

熊野觀心十界曼荼羅

以「心」為中心，描繪出十界連結在一起的曼荼羅。十界是由佛、菩薩所在的「四聖道」，以及表現所有生物輪迴轉生過程的「六道」構成。六道當中繪有地獄。熊野觀心十界曼荼羅是一位名為熊野比丘尼的尼僧用圖片說書的方式，以圖像為大家解說地獄樣貌的佛畫，從室町時代廣泛地流傳到江戶時代。

月輪　　　　　　　　　　　　　　　　　　火輪

四聖道

地獄

① 年老之坂	⑥ 地獄大釜	⑪ 畜生界	⑯ 刀葉林
② 極樂	⑦ 不產女地獄	⑫ 針山	⑰ 兩婦地獄
③ 閻魔大王	⑧ 杵臼地獄	⑬ 無間地獄	⑱ 阿修羅界
④ 獄卒	⑨ 火車	⑭ 賽河原	⑲ 殺子
⑤ 奪衣婆	⑩ 血池地獄	⑮ 地藏菩薩	⑳ 如意輪觀音

結語

二〇一九年底開始擴大的新冠肺炎勢不可擋，轉瞬之間就擴散到全世界，就算到了撰寫此文的二〇二一年八月也一直沒有停歇的徵兆。現在的我們對於這類未知的病毒，雖然採取了各種檢查、開發疫苗等對策，但人們心中依然對病毒抱持著畏懼。

對於這類未知的疾病，在過去醫學不如現今發達的奈良時代和平安時代，當時的日本人又是如何應對的呢？

答案正是「陰陽師」。陰陽師是能夠利用占卜告知大家未知的災害及疾病之人，也是能夠以祓事為人們治病的人。他們就像是現在站在最前線與肺炎病毒作戰的醫師，同時也宛如為我們預報颱風或地震的氣象局那樣的存在。

現在我們在電影或者動畫當中看見的陰陽師形象，很容易讓我們覺得他們是能夠使用超能力的英雄人物，但實際上這些陰陽師們不過就是為了

154

驅除人類心中對於災害以及疾病的不安和恐懼，因而每天進行占卜和祓事的樸素官員罷了。如果大家能夠透過本書，多少較為了解虛實交錯的陰陽師，那就是我最大的榮幸了。

川合章子

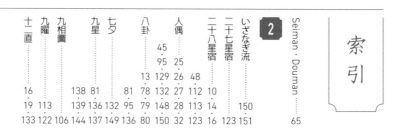
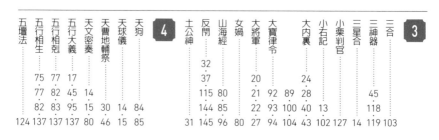

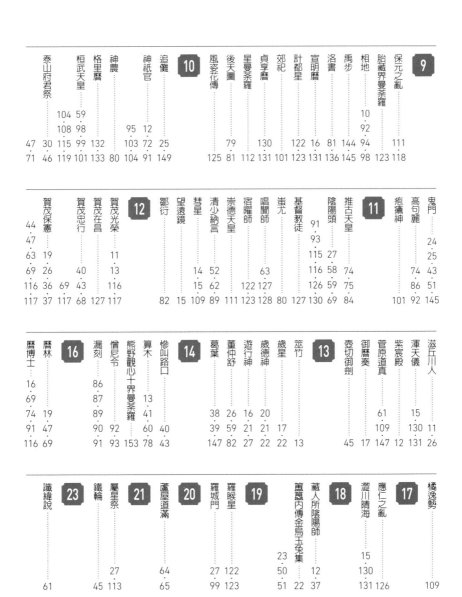
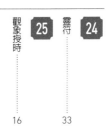

参考文献

『日本陰陽道史総説』村山修一 塙書房 1981年

『陰陽道の発見』山下克明 NHK出版 2010年

『図説 安倍晴明と陰陽道』山下克明監修 河出書房新社 2004年

『陰陽師 安倍晴明』志村有弘 角川ソフィア文庫 1999年

『安倍晴明＆陰陽師がよくわかる本』川合章子 講談社 2001年

『陰陽道と平安京 安倍晴明の世界』川合章子 淡交社 2003年

『役行者と修験道の歴史』宮家準 吉川弘文館 2000年

『中国古典文学大系』平凡社

『日本古典文学大系』岩波書店

新編漢文選『五行大義』上・下 中村璋八 明治書院 1998年

『平安貴族の世界』村井康彦 徳間文庫 1968年

国際日本文化研究センター 摂関家古記録データベース
（オンラインデータベース）

こよみのページ http://koyomi8.com/

『陰陽師―安倍晴明の末裔たち』荒俣宏 集英社文庫 2002年

『陰陽道の本―日本史の闇を貫く秘儀・占術の系譜』学研プラス 1993年

『陰陽師の世界』監修・加藤七海 宝島社 2016年

『秘説 陰陽道』藤巻一保 戎光祥出版 2019年

『図解 陰陽師』高平鳴海 新紀元社 2007年

『陰陽道 呪術と鬼神の世界』鈴木一馨 講談社 2002年

『陰陽師とはなにか 被差別の原像を探る』沖浦和光 河出書房新社 2017年

『陰陽師たちの日本史』斎藤英喜 KADOKAWA／角川学芸出版 2014年

『安倍晴明 陰陽師たちの平安時代』繁田信一 KADOKAWA／角川学芸出版 2014年

『呪いと日本人』小松和彦 KADOKAWA／角川学芸出版 2014年

『安倍晴明』繁田信一 吉川弘文館 2006年

『陰陽師―安倍晴明と蘆屋道満』繁田信一 中央公論新社 2006年

『世界で一番美しいマンダラ図鑑』正木晃 エクスナレッジ 2020年

『九相図をよむ 朽ちてゆく死体の美術史』山本聡美 KADOKAWA 2015年

作者

川合章子（かわい しょうこ）

出生於大阪。佛教大學史學科畢業後，於1992年以公費留學生的身分前往中國武漢大學深造。歸國後曾經手《封神演義》、《三國志》等中國文學作品的翻譯，並撰寫多部中國史、日本史相關書籍。主要著作有《あらすじでわかる中国古典「超」入門》（講談社）、《陰陽道と平安京・安倍晴明の世界》（淡交社），另譯有《卑鄙的聖人：曹操》（日文版，曹操社）

插畫師

ほしのちなみ

出生於群馬的射手座O型。曾為《日本衆佛解剖圖鑑》繪製插畫，亦經手《世界で一番やさしい建築基準法（初版）》（X-Knowledge）、《妖怪調查檔案》、「もしも？」の図鑑シリーズ《身近な危険生物対応マニュアル》（実業之日本社）等多部作品的內容插圖繪製。2020年於「アートスナック番狂せ」舉辦首次的個人展。另外也參與編輯製作公司的書籍製作。

Twitter：@0044arami3
Instagram：@arami1204

TITLE

陰陽師解剖圖鑑

STAFF

出版	瑞昇文化事業股份有限公司
作者	川合章子
譯者	黃詩婷
創辦人 / 董事長	駱東墻
CEO / 行銷	陳冠偉
總編輯	郭湘齡
責任編輯	徐承義
文字編輯	張聿雯
美術編輯	謝彥如
國際版權	駱念德・張聿雯
排版	二次方數位設計
製版	明宏彩色照相製版有限公司
印刷	桂林彩色印刷股份有限公司
	綋億彩色印刷有限公司
法律顧問	立勤國際法律事務所　黃沛聲律師
戶名	瑞昇文化事業股份有限公司
劃撥帳號	19598343
地址	新北市中和區景平路464巷2弄1-4號
電話	(02)2945-3191
傳真	(02)2945-3190
網址	www.rising-books.com.tw
Mail	deepblue@rising-books.com.tw
初版日期	2023年5月
定價	450元

ORIGINAL EDITION STAFF

ブックデザイン	米倉英弘、狩野聡子（細山田デザイン事務所）
イラスト	ほしのちなみ
印刷	シナノ書籍印刷

國家圖書館出版品預行編目資料

陰陽師解剖圖鑑：在幕後支撐著日本的異
能者們 / 川合章子作；黃詩婷譯. -- 初版.
-- 新北市：瑞昇文化事業股份有限公司,
2023.05
　160面；　14.8x21公分
ISBN 978-986-401-621-1(平裝)
1.CST: 巫術 2.CST: 陰陽五行 3.CST: 日本

295.2　　　　　　　　　112003744